Antropoceno

INICIAÇÃO À TEMÁTICA AMBIENTAL

GENEBALDO FREIRE DIAS

Antropoceno

INICIAÇÃO À TEMÁTICA AMBIENTAL

ANTROPOCENO: época das alterações ambientais globais impostas pelo ser humano.

4723	Chinês
2025	Gregoriano (Cristão)
5126	Hindu
5786	Judaico
13	Maia
1448	Muçulmano
1	Zé da Bodega
15.000.000.000	Cósmico

Edição revista e ampliada

3ª edição
São Paulo
2025

gaia

3ª Edição, Editora Gaia, São Paulo, 2025

Jefferson L. Alves – diretor editorial
Richard A. Alves – diretor-geral
Flávio Samuel – gerente de produção
Jefferson Campos – analista de produção
Araquém Alcântara – foto da capa
Equipe Editora Gaia – produção editorial e gráfica

Na Editora Gaia, publicamos livros que refletem nossas ideias e valores: Desenvolvimento humano / Educação e Meio Ambiente / Esporte / Aventura / Fotografia / Gastronomia / Saúde / Alimentação e Literatura infantil.

Em respeito ao meio ambiente, as folhas deste livro foram produzidas com fibras obtidas de árvore de florestas plantadas, com origem certificada.

Dados Internacionais de Catalogação na Publicação (CIP)
(Câmara Brasileira do Livro, SP, Brasil)

Dias, Genebaldo Freire
Antropoceno : iniciação à temática ambiental / Genebaldo Freire Dias. – 3. ed. – São Paulo : Editora Gaia, 2025.

ISBN 978-65-86223-84-2

1. Antropoceno 2. Brasil – Aspectos ambientais 3. Meio ambiente 4. Mudanças climáticas 5. Natureza – Influência do homem 6. Território I. Título.

25-292843.0 CDD-363.73874

Índices para catálogo sistemático:

1. Mudanças climáticas : Problemas ambientais 363.73874

Maria Alice Ferreira – Bibliotecária – CRB-8/7964

Obra atualizada conforme o
NOVO ACORDO ORTOGRÁFICO DA LÍNGUA PORTUGUESA

Editora Gaia Ltda.
Rua Pirapitingui, 111-A – Liberdade
CEP 01508-020 – São Paulo – SP
Tel.: (11) 3277-7999
e-mail: gaia@editoragaia.com.br

grupoeditorialglobal.com.br
blog.grupoeditorialglobal.com.br
/globaleditora
/globaleditora
@editora_gaia
/globaleditora
@globaleditora
@globaleditora

Nº de Catálogo: **2317**

"O que desaba faz barulho
O florescer é silencioso."
(Confúcio)

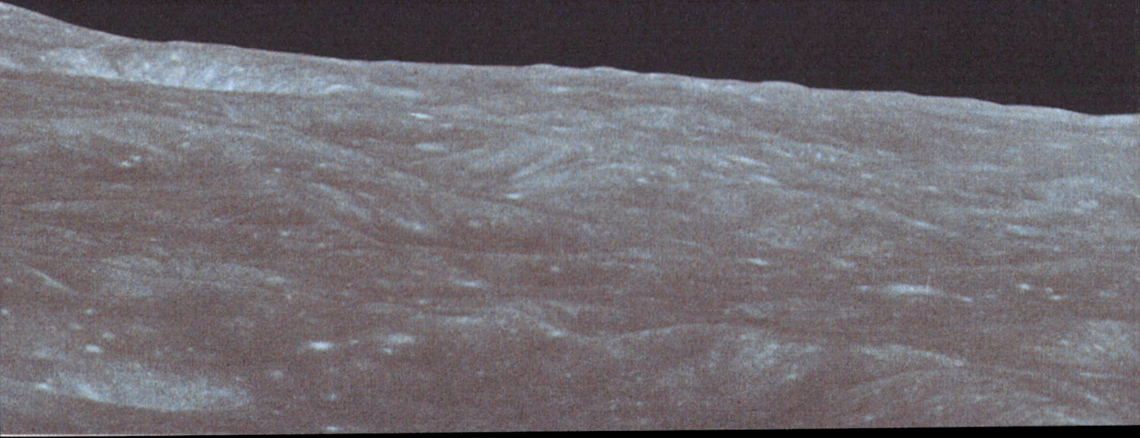

Em 1968, o astronauta William Anders, a bordo da nave Apollo 8, na órbita da lua, fez a foto em destaque. Pela primeira vez a humanidade pôde ver sua casa espacial no todo: finita, pequena e bela.

Assim, vista de longe, podemos perceber como todos estamos igualmente envolvidos na mesma viagem evolutiva pelo espaço. De longe, parece não haver fronteiras, diferenças raciais, religiosas, econômicas, políticas, sociais...

Vista assim, suspensa, no espaço, flutuando, tomamos consciência das nossas limitações e da grandiosidade do projeto de vida cósmica do qual fazemos parte.

Na verdade, cada átomo, molécula e tecido do nosso corpo vem da Terra, por meio da alimentação e da respiração. Nosso corpo é um empréstimo da Terra. Utilizamos esse aglomerado de matéria para nos comunicarmos. Somos uma extensão do planeta. Uma extensão que pensa, vibra, evolui. Quando morremos, devolvemos todos os componentes materiais à Terra e fechamos o ciclo, começando tudo de novo!

Aquela bola suspensa no ar abriga a vida sustentada por sofisticados, complexos e intrincados serviços ecossistêmicos, prestados silenciosamente pela natureza, por meio de seus processos cíclicos, interconectados, interdependentes e autorregulados.

A mistura certa dos gases que inspiramos da atmosfera, o equilíbrio da temperatura e da umidade do ar, que nos circunda como uma segunda pele, o solo com a precisa proporção de nutrientes e as fontes de água potável são apenas alguns exemplos do complexo e autorregulado sistema terrestre de manutenção da vida. Essas interações, em equilíbrio, fornecem-nos alimentos, abrigo e oportunidades para a evolução. Tais sistemas, entretanto, estão agora ameaçados.

No entanto, o ser humano parece não ter compreendido isso. Ao desenvolver suas atividades socioeconômicas, baseou-se numa relação predatória com a natureza, gerando inúmeros problemas ambientais.

Poluimos o ar que respiramos, degradamos o solo que nos alimenta e contaminamos a água que bebemos. O ser humano parece não perceber que depende de uma base ecológica para a sustentação de sua vida e de seus descendentes. **Vive como se fosse a última geração sobre a Terra**.

Imagens históricas são um testemunho da falta de percepção do ser humano. Na década de 1960, a poluição atmosférica no Japão chegou a tal ponto que obrigou as pessoas a utilizarem distribuidores automáticos de ar puro.

> *"A 258 km da superfície da Terra podemos observar os rasgões nas florestas, a expansão urbana e a poluição dos oceanos. A maioria das pessoas não tem ideia do grau de destruição ambiental. De lá de cima, a gente olha em redor e vê uma devastação mundial."*
>
> (*M. Runco, astronauta americano, ônibus espacial, 1993/1999*)

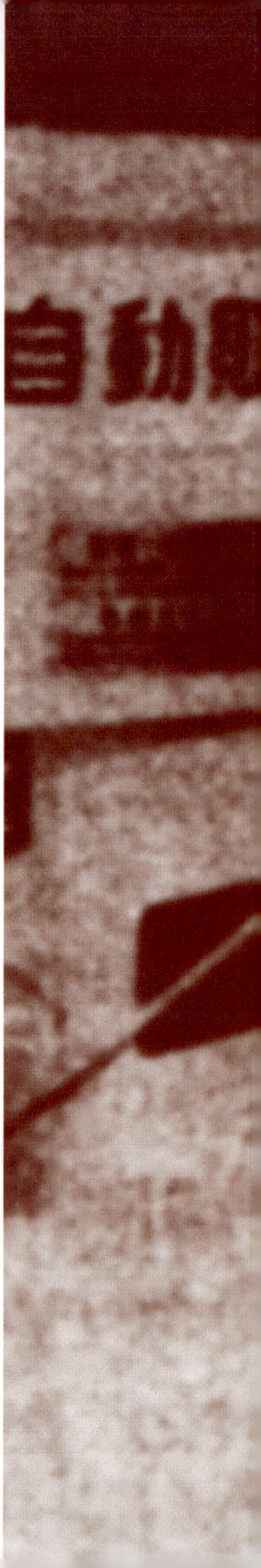

Consequências da poluição atmosférica no Japão.

Em 1968, apareceram os efeitos mais dramáticos da poluição. Crianças nasceram cegas, mudas e deformadas por causa do mercúrio despejado por indústrias químicas, na Baía de Minamata (Japão). O mercúrio atingiu a população humana por meio da cadeia alimentar (mariscos e peixes absorveram o mercúrio e transmitiram para as pessoas que deles se alimentaram). Encontrava-se mercúrio até no leite materno.

No Brasil, em São Paulo, tivemos nossa versão. Houve uma época em que se buscava o uso de máscaras contra a intensa poluição atmosférica urbana. Em Cubatão, crianças nasceram sem cérebro, no chamado *Vale da Morte*.

Procura de máscaras contra poluição em São Paulo.

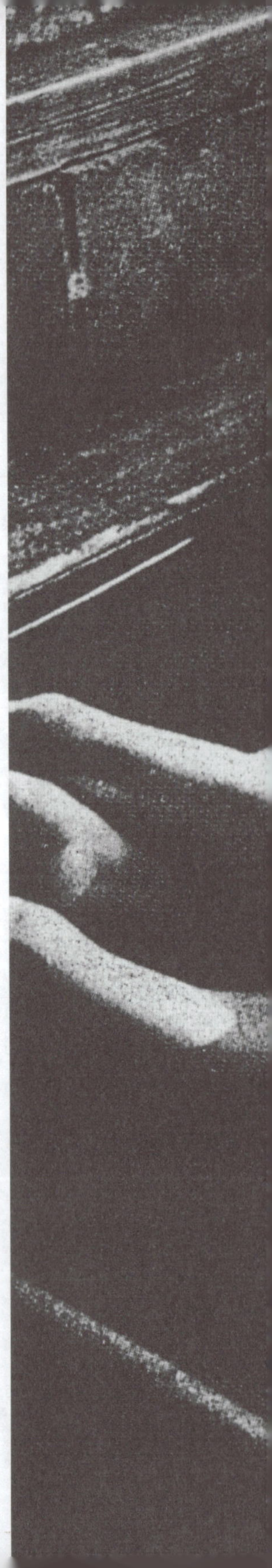

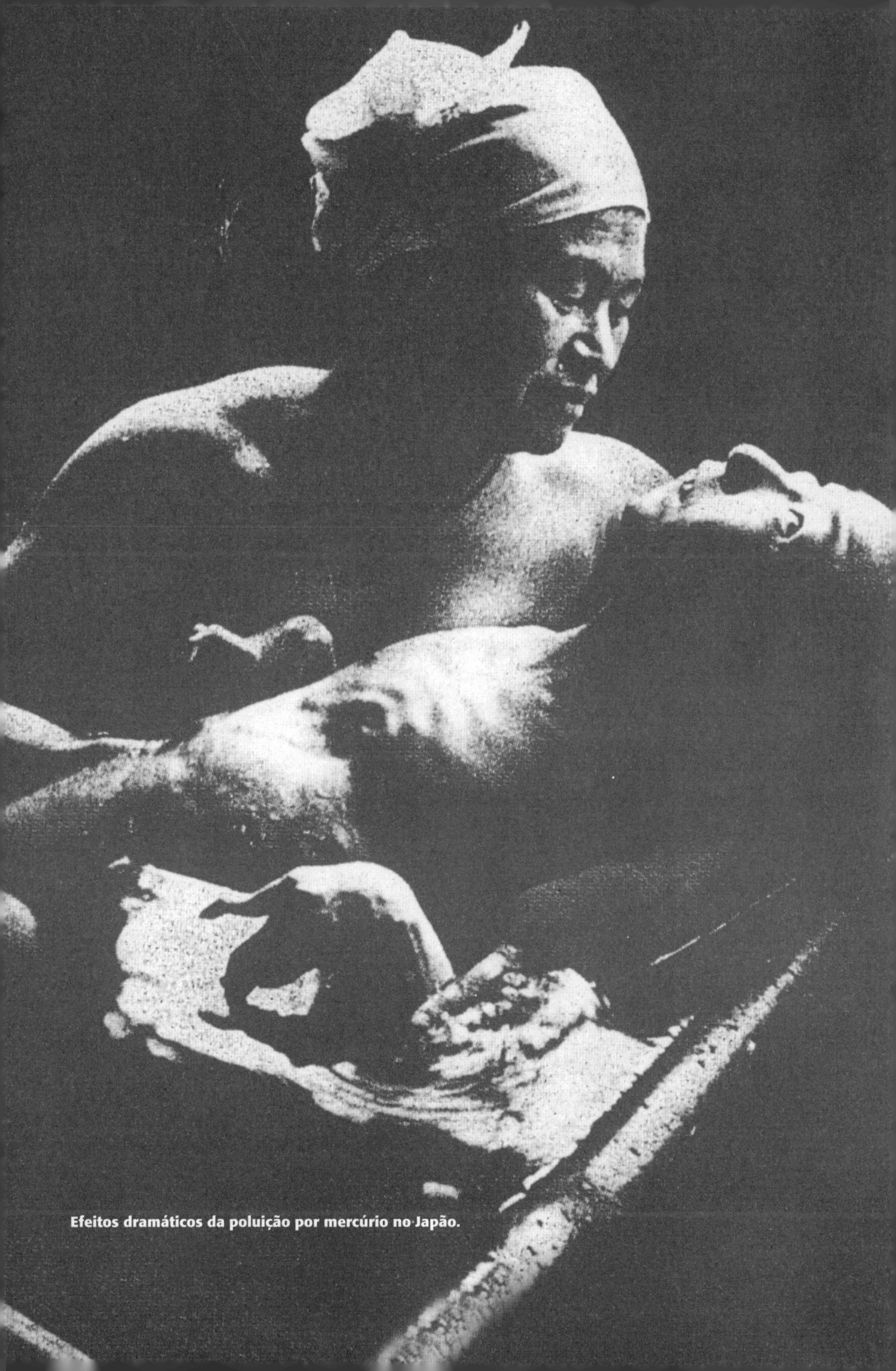

Efeitos dramáticos da poluição por mercúrio no Japão.

Efeitos da poluição das águas

Ainda não havia políticas ambientais (legislação, licenciamento e outros). Para instalar-se uma indústria, buscavam-se lugares próximos dos rios: ali seriam despejados seus resíduos. **Os rios eram vistos como lixeiras**.

Dessa forma, grandes rios do mundo apodreceram. O rio Mississipi, nos Estados Unidos, de tão poluído, pegou fogo durante cinco dias. O rio Tâmisa, que atravessa Londres, o rio Danúbio Azul, que banha diversos países europeus, e o rio Tietê, em São Paulo, estavam mortos, encobertos por espumas venenosas. O rio Sena, em Paris, ficou recoberto de peixes mortos (foto).

Rio Sena, Paris, 1973.

Essas cenas repetiam-se em todo o mundo e muitas foram descritas pela jornalista-bióloga Rachel Carson (1907--1964), em seu clássico livro *Primavera silenciosa* (1962), dando início ao movimento ambientalista.

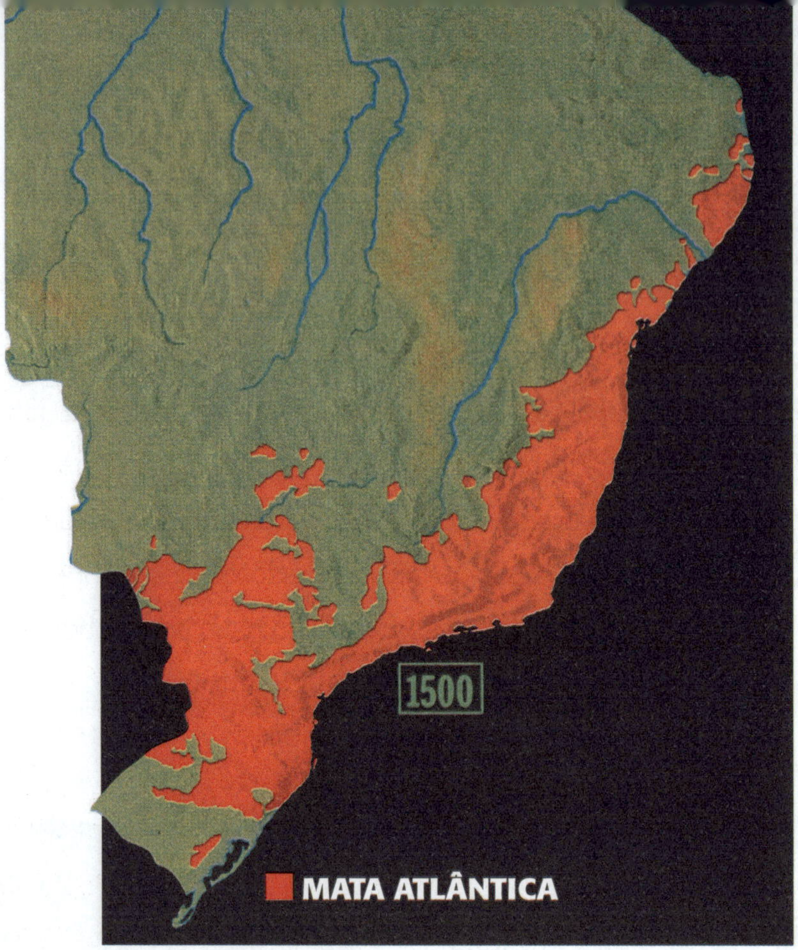

Buscava-se o "desenvolvimento" **a qualquer custo**. **O ambiente, em vez de ser visto como fonte de vida, era visto apenas como "recurso" a ser explorado** cada vez mais intensamente.

Com isso, as paisagens naturais foram sendo modificadas profundamente, em todo o mundo. As florestas seriam exploradas até seu desaparecimento.

Como exemplo, cita-se a Mata Atlântica brasileira, um dos biomas com a maior densidade de vida da Terra (450 espécies de árvores por hectare; nos Estados Unidos, a média é de dez espécies por hectare), considerada como *Patrimônio da Humanidade* pela Unesco, em 1999, como *Patrimônio Nacional* pela Constituição Federal de 1988.

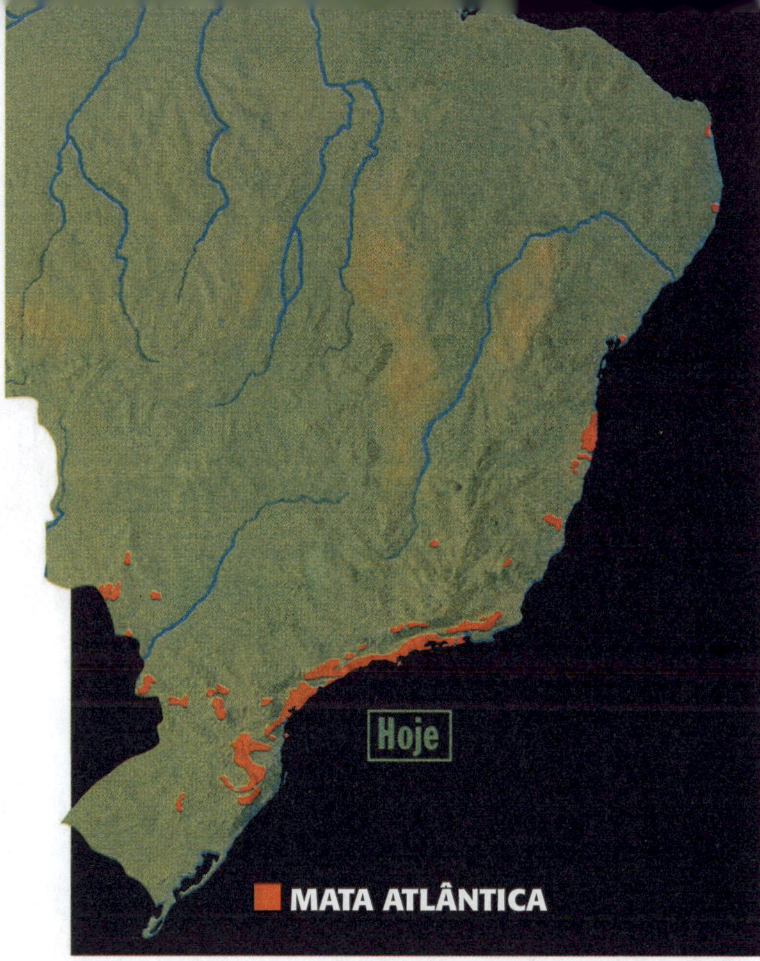

Antes da invasão dos colonizadores, havia cerca de 1.000.000 km^2 de Mata Atlântica. Estendia-se por uma faixa de 3500 km, por dezessete estados brasileiros.

Após séculos de exploração madeireira predatória, queimadas, expansão agrícola, pecuária e urbana restam apenas 12% da vegetação primária, que continuam ainda sob intensa pressão de todo tipo imaginável. Cada agressor tem sua justificativa particular para continuar a estúpida destruição.

Para articular ações de proteção e recuperação foi criada a Lei da Mata Atlântica (Lei nº 11.428/2006, de 22 de dezembro).

COBERTURA VEGETAL NATIVA

Tem sido notável a atuação da Fundação SOS Mata Atlântica (www.sosma.org.br) na defesa deste Bioma único, ao elencar o Plano Municipal de Conservação e Recuperação da Mata Atlântica (PMMA).

Existe Mata Atlântica em sua cidade? Você pode descobrir em: http://www.aquitemmata.org.br

A vitalidade da Mata Atlântica constitui um indicador fiel da consciência ambiental das pessoas que têm o privilégio da sua companhia.

Em 1500, cerca de 80% do Estado de São Paulo era coberto por florestas.

Em nome do "progresso", que nunca vem para todos, do "desenvolvimento" e da "criação de empregos", a cobertura vegetal nativa foi reduzida a apenas 3% do território.

*Muitos ecossistemas foram pressionados a ponto de não serem mais resilientes.**

(Abramovitz, 2001)

Várias áreas de "pré-desertificação" ocorrem no Estado. Os climas locais sofreram modificações desastrosas. Alternam-se secas e inundações.

E agora, todos estão empregados? O "progresso" chegou para todos?

O argumento que busca justificar a destruição ambiental em função da criação de emprego e do progresso é falso. Esse discurso não deve mais ser aceito.

*** Capazes de lidar com mudanças.**

Imagens de satélite (1986).

Enquanto a economia global se expande, os ecossistemas locais se deterioram.

Contudo, nem sempre a destruição leva tanto tempo para acontecer. No Mato Grosso, região de Alta Floresta, por exemplo, a degradação ocorre em grande velocidade. As imagens de satélite de 1986 (250 km²), comparadas com as de 1997, dão uma ideia do louco processo de alteração da superfície da Terra em apenas 11 anos!

Outro exemplo vem do Distrito Federal. Em apenas 40 anos sua cobertura vegetal original foi reduzida a apenas 11%! Brasília sofre hoje as consequências desse "crescimento" desregrado: escassez de água projetada, clima hostil (no período seco a umidade do ar chega a apenas 8%), desemprego, exclusão social, violência e outras mazelas comuns a centros urbanos mais velhos (Brasília foi fundada em 1960).

Imagens de satélite (1997).

A vegetação nativa e a fauna remanescente encontram-se em áreas protegidas (Parque Nacional de Brasília e Reserva Ecológica de Águas Emendadas), sofrendo ameaças da especulação imobiliária e do analfabetismo ambiental.

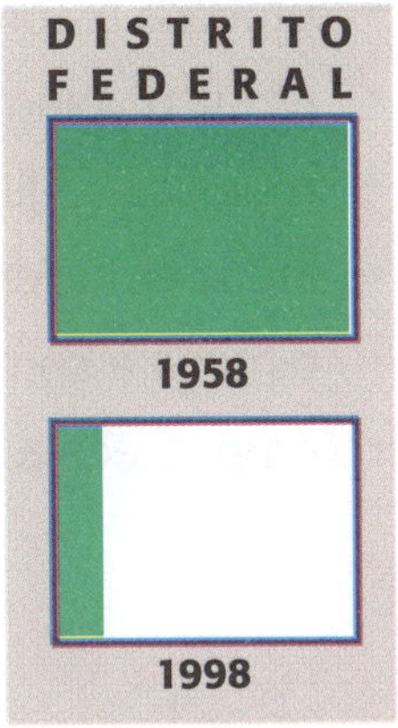

Cobertura vegetal no DF

Outro bioma sob intensa pressão de degradação é o Cerrado, a Savana mais biodiversa do mundo e berço das três maiores bacias hidrográficas da América do Sul. Cerca de 70% da sua cobertura original já foram perdidos, mas foi o Pantanal o Bioma que mais sofreu supressão (incêndios florestais).

CONSEQUÊNCIAS DOS DESFLORESTAMENTOS

A destruição das florestas é uma das maiores demonstrações da inconsciência humana e uma das mais graves alterações que se impõe à Terra, através dos tempos.

As consequências são imprevisíveis, mas não há dúvida de que o desflorestamento:

- altera profundamente a circulação de água na atmosfera;
- produz perdas irreparáveis na biodiversidade genética, de hábitats e de ecossistemas;
- provoca alterações climáticas;
- expõe o solo à erosão;
- provoca assoreamento dos rios, facilitando as enchentes;
- reduz o volume de água subterrânea;
- modifica os fluxos de água nos rios;
- induz etnocídios;
- diminui a complexidade que sustenta a resiliência da teia da vida;
- empobrece a estética planetária.

"Corte a floresta de sua ambição primeiro, antes de cortar árvores de verdade."

(Budismo)

De acordo com o World Resources Institute (WRI), a perda global de florestas primárias atingiu o recorde de 6,7 milhões de hectares em 2024 (equivalente à área somada dos estados do Espírito Santo e Sergipe). **Incêndios florestais catastróficos e agropecuária respondem por isso.**

Note: 1 hectare (ha) = 10 mil m^2 ou uma área de 100 m x 100 m.

"Este nível de perda florestal é diferente de tudo o que já vimos em mais de 20 anos de dados. É um alerta vermelho global – um chamado coletivo à ação para todos os países, todas as empresas e todas as pessoas que se preocupam com um planeta habitável. Nossas economias, nossas comunidades, nossa saúde – nada disso pode sobreviver sem florestas."

(Elizabeth Goldman, codiretora do Global Forest Watch do WRI)

42% da perda de floresta primária tropical no mundo, em 2024, ocorreu no Brasil.

ATIVIDADES HUMANAS CAUSADORAS DE DESFLORESTAMENTOS

As principais atividades humanas que contribuem para a destruição das florestas em todo o mundo são as seguintes:

- construção de hidrelétricas;
- construção de rodovias;
- retirada predatória de madeiras;
- expansão de áreas agrícolas (monoculturas);
- expansão da pecuária;
- queimadas e incêndios florestais;
- urbanização.

A perda maciça de florestas, na atualidade, provoca a maior crise de extinções que a Terra já testemunhou em 65 milhões de anos!

IMPORTÂNCIA DAS FLORESTAS

As florestas são muito importantes, pois:

- abrigam a biodiversidade;
- abrigam material genético para a evolução;
- ajudam a regular o clima (temperatura, chuvas);
- abrigam patrimônio cultural;
- armazenam gás carbônico (reduzem o efeito estufa);
- protegem o solo;
- armazenam água e controlam as enchentes.

Estamos destramando os fios de uma complexa rede de segurança ecológica; a maior parte dos seres humanos ainda não reconhece o valor dessa rede.

POR QUE DESFLORESTAMOS?

Na maioria das vezes, a destruição que é imposta às florestas brasileiras ocorre para sustentar o consumo dos países ricos. As árvores são retiradas clandestinamente, sem Plano de Manejo (replantio), burlando as leis ambientais brasileiras. Como tudo é feito às pressas, para obter-se um tronco de madeira ideal para o comércio, destroem-se outras sessenta árvores! Uma grande parte da madeira sai como contrabando.

Por trás dessa degradação há um **modelo**, uma espécie de filosofia, que orienta a lógica da Economia e procura justificar essa destruição pregando o "desenvolvimento" e a "criação de empregos".

Tal modelo é baseado no LUCRO. Busca-se o "crescimento" a qualquer custo, por meio do uso intensivo, crescente e irresponsável dos recursos naturais, sem respeitar a capacidade de reposição da natureza.

A Organização Mundial do Comércio e o FMI ainda tratam com desdém a necessidade urgente de interromper o declínio ambiental do planeta.

(French, 2000)

Retirada clandestina de madeira na Amazônia.

Na visão do modelo econômico, os recursos naturais são apenas fonte de lucro, sempre disponíveis e gratuitos. A natureza está lá para ser explorada e "dominada", sem que se tenha alguma responsabilidade sobre ela.

As sociedades consumistas agem como se esses recursos fossem infinitos. Baseiam-se no aumento constante da PRODUÇÃO e, consequentemente, do CONSUMO (a mídia faz esse papel – ela é capaz de fazê-lo desejar ardentemente um produto que até então não era necessário).

Ocorre que, ao aumentar o consumo, aumenta-se a PRESSÃO SOBRE OS RECURSOS NATURAIS, ou seja, necessita-se de mais água, mais matéria-prima, mais eletricidade, mais combustíveis, mais solo fértil... Com isso, cresce a DEGRADAÇÃO AMBIENTAL, em todas as suas formas (vários tipos de poluição, desflorestamentos, erosões, desertificações etc.). Perde-se então a QUALIDADE DE VIDA.

Muitas vezes, para recuperar a qualidade de vida, buscam-se mais empréstimos no Sistema Financeiro Internacional (países ricos), alimentando o modelo. Aí começa tudo de novo!

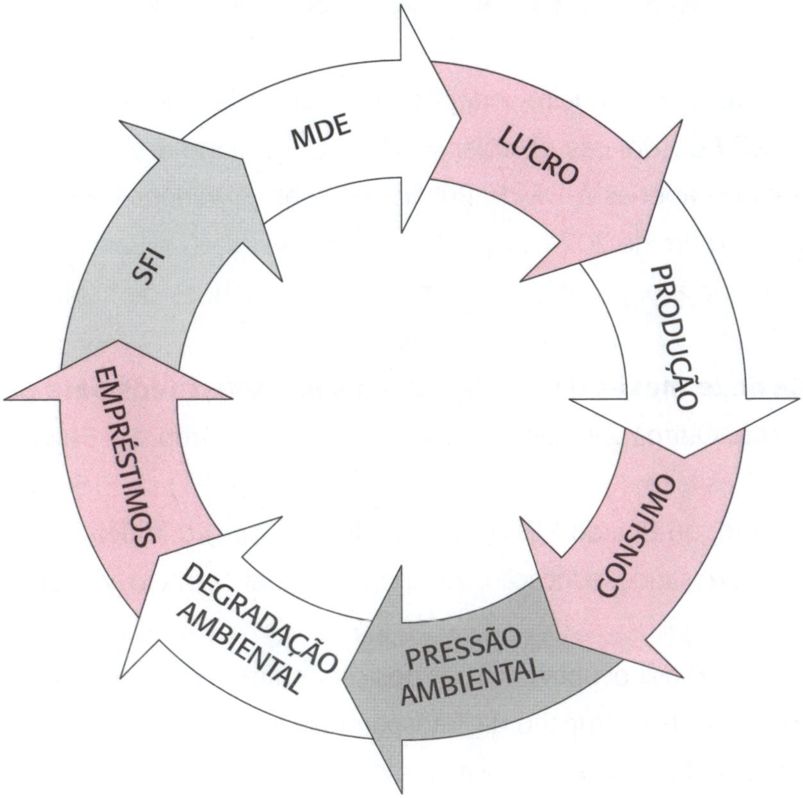

Ao tomar empréstimos, ocorre uma nova cadeia de consequências: aumenta-se a **dívida pública**. Com isso, sobem os **juros** e reduzem-se os **investimentos públicos** (principalmente em Educação e Meio Ambiente), produzindo mais injustiça social, desemprego, miséria, violência, fome e analfabetismo (inclusive analfabetismo ambiental).

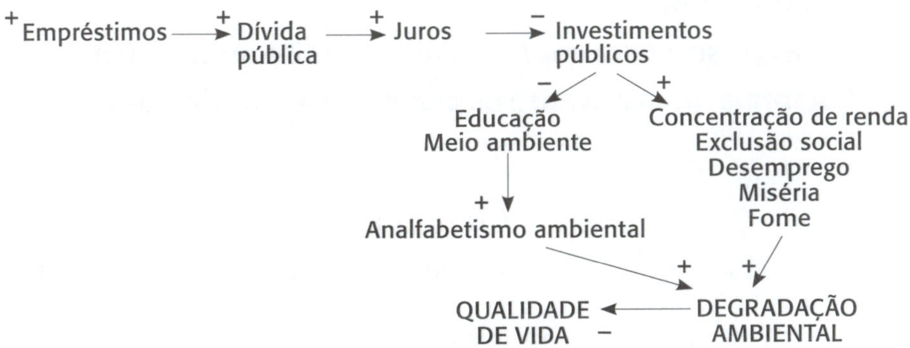

NOTE BEM: Todo brasileiro, independente da idade e do sexo, tem uma dívida de 7800 dólares (1 dólar = R$ 5,60 em julho de 2025), o que corresponde apenas à Dívida Pública Federal (9 trilhões de reais, em 29 de novembro de 2024, segundo Estatísticas Fiscais do Banco Central), considerando a população brasileira de 212,6 milhões de habitantes.

A cada doze meses de salário, cinco são confiscados para pagar impostos. Outros 29 dias são para alimentar a corrupção. Segundo o Instituto Brasileiro de Planejamento e Tributação (IBPT) são 160 bilhões anualmente, ou 8% do PIB (Produto Interno Bruto) que deixam de ser investidos em saúde, educação, transporte, segurança, meio ambiente etc.

Em 2024, o Brasil ocupava a 107ª posição, entre 180 países, no Índice de Percepção da Corrupção da Transparência Internacional, o IPC. Trata-se da pior nota e da pior colocação do país na série histórica do índice, iniciada em 2012.

Como estaremos agora?

A corrupção no Brasil corrói 80 bilhões de reais por ano.

O crescimento tem se tornado o objetivo obsessivo da maioria das sociedades.

Mas crescer para quê? De que forma? Beneficiando quem?

A forma atual privatiza os benefícios e socializa os custos.

Os ricos receberam os empréstimos.
Os pobres ficaram com as dívidas.

(Unicef)

O atual modelo de "desenvolvimento" está baseado no lema:

TUDO!

SEMPRE MAIS!!

AGORA!!!

Como se vê, a QUESTÃO AMBIENTAL, para ser compreendida, não pode ficar restrita à Ecologia. Ela é formada por diversas dimensões e não apenas pela dimensão ecológica (flora e fauna).

Muitos danos ambientais são causados por decisões políticas erradas, que ocasionam problemas sociais, econômicos, culturais e éticos, sendo que teriam outras saídas científicas e tecnológicas mais adequadas.

Logo, para compreender-se a temática ambiental, faz-se necessário considerar seus aspectos políticos, éticos, econômicos, sociais, ecológicos, culturais e outros, para que se obtenha uma visão global do problema e de suas alternativas de soluções.

Com isso, a própria definição de Meio Ambiente (ou simplesmente AMBIENTE) seria ampliada.

O QUE É MEIO AMBIENTE? (OU SIMPLESMENTE AMBIENTE?)

O ambiente não é apenas fauna e flora. É formado pelos fatores abióticos, bióticos e também pela cultura humana.

Fatores abióticos	+	**Fatores bióticos**	+	**Cultura humana**
Ar, solo, temperatura etc.		Flora e fauna		Paradigmas, princípios éticos, valores filosóficos, políticos, científicos, artísticos, econômicos, sociais, estéticos, religiosos etc.

O MODELO DE "DESENVOLVIMENTO", A EXCLUSÃO SOCIAL E A DEGRADAÇÃO DO MEIO AMBIENTE

Tal modelo produz exclusão social e miséria por um lado, consumismo, opulência e desperdício por outro. Ambos causam degradação ambiental e, em consequência, perda da qualidade de vida.

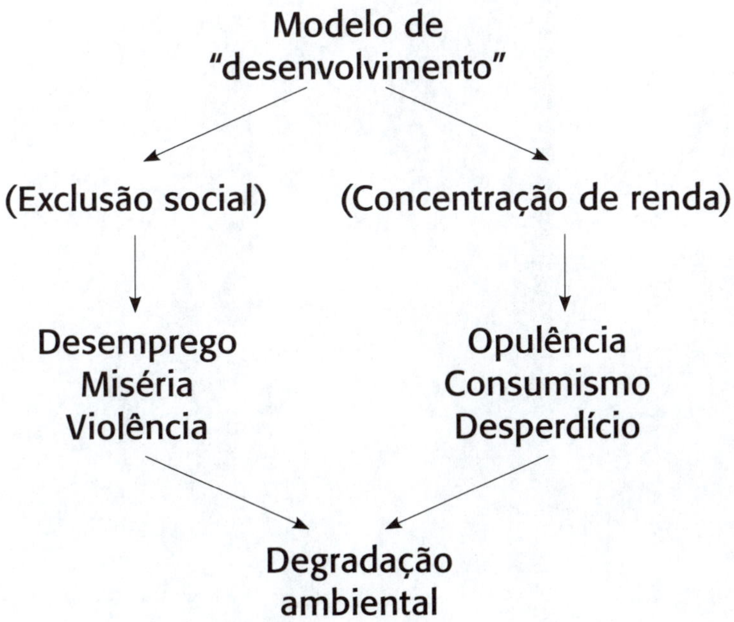

Florestas da Bósnia destruídas pela chuva ácida.

*A riqueza é para alguns,
a degradação ambiental
é para todos.*

De acordo com o Banco Mundial (Relatório Pobreza, Prosperidade e Planeta, 2024) a economia global medida pelo Produto Interno Bruto (PIB) global em 2005 foi de 47 milhões de dólares. Em 2015, aumentou para 75 trilhões de dólares. Em 2025, atingiu 115 trilhões de dólares.

Um crescimento fantástico! Mas, **para quem?**

Enquanto o PIB aumentou, os indicadores sociais pioraram. A concentração de renda e a desigualdade são brutais: o 1% mais rico da população fica com 45% da riqueza global (o Brasil, infelizmente, é citado como o país mais desigual do mundo).

Como resultado desta crueldade global, 3,5 bilhões de pessoas (44% da população mundial) continuam pobres e 700 milhões de pessoas (8,5% da população global) vivem em extrema pobreza — com menos de US$ 2,15 por dia.

Nova York, em uma segunda-feira.

Padrões de consumo e história.

Os padrões de consumo desenfreado deixam suas marcas no mundo.

Segundo a ONU, **cerca de 733 milhões de pessoas passaram fome em 2023, o equivalente a uma em cada onze pessoas**; 2,33 bilhões de indivíduos no mundo enfrentaram insegurança alimentar.

A desigualdade, o desemprego, a corrupção e a violência completam o terrível quadro social gerado por um modelo de "desenvolvimento" em plena decadência.

- 202 milhões de pessoas estão desempregadas no mundo.
- 1,1 bilhão de pessoas vive em situação de pobreza no mundo (renda de um dólar por dia). Até 2050 poderá atingir 3 bilhões, segundo estimativas do Relatório Econômico Social (ONU, 2013).

A violência é apenas um dos sintomas da falência do atual estilo de vida que se tenta impor a todos.

A pobreza e o declínio ambiental estão profundamente incorporados aos sistemas econômicos modernos.

O Brasil possui cerca de 850 mil pessoas encarceradas em um regime falido que não recupera ninguém (no mundo, 11 milhões submetidos a superlotação, insalubridade e racismo estrutural). Grande parte das pessoas que ali estão foi empurrada pela exclusão social, desemprego, perda da dignidade e esperança, fruto de políticas perversas, traçadas por uma elite corrupta e insensível.

O CONSUMISMO COMO ESTRATÉGIA DE DOMINAÇÃO

Os países ricos exportam seus estilos de vida pelo processo de globalização, por meio da mídia e até quando se aprendem línguas estrangeiras.

Dessa forma, difunde-se no mundo o mesmo modelo, ou seja, todos desejam a mesma coisa, buscam o mesmo estilo de vida, usam os mesmos produtos e produzem o mesmo lixo.

A imposição é tanta que perturba o bom senso das pessoas. A neurose pela ostentação de produtos de "marca", associada ao *status*, faz as pessoas dormirem em filas, à noite, para adquirir bolsas de grife por preços que variam de quinhentos a mil dólares cada uma.

Filas quilométricas por uma bolsa de grife (Paris).

Para produzir duas alianças de ouro são geradas seis toneladas de resíduos.

Após o ouro ser retirado das margens, os rios são deixados totalmente poluídos. O lucro do ouro vai para um pequeno grupo de pessoas. O prejuízo da água poluída e dos peixes mortos vai para a população ribeirinha.

Criaram-se padrões de consumo INSUSTENTÁVEIS.

Não há como manter o consumo atual e absorver seus resíduos sem degradar ainda mais o planeta. Todos os limites já foram superados.

Efeitos do garimpo.

PEGADA ECOLÓGICA – UM CONCEITO E INSTRUMENTO DE ANÁLISE AMBIENTAL

A análise da pegada ecológica é um processo que permite estimar **os requerimentos de recursos naturais necessários para sustentar uma dada população, ou seja, quanto de área produtiva natural é necessária para sustentar o consumo de recursos e a assimilação de resíduos de uma dada população humana** (Wackernagel e Rees, 1996).

Na década de 1960, cada habitante da Terra tinha seis hectares de terra produtiva disponíveis.

O planeta Terra em 2025:

12,2 bilhões hectares de terras produtivas

ocupadas por

8,2 bilhões de pessoas

restando apenas

1,5 hectare de terras produtivas por pessoa.

Mas a pegada ecológica humana atual é de 2,7 hectares por pessoa.

Para manter os padrões de consumo da humanidade já é necessário um planeta 70% (1,7) maior. Esse déficit é mantido por meio da degradação ambiental e da miséria de muitos povos. A economia global está em choque com muitos limites naturais da Terra.

A análise da pegada ecológica revela que precisamos urgentemente rever os nossos padrões de produção, consumo e descarte.

A maioria das nações, para atender suas necessidades de energia e materiais, apodera-se de terras produtivas de outras nações. Apenas cinco países são capazes de se sustentar com suas próprias terras: Argentina, Austrália, Brasil, Canadá e Chile.

A atual pegada ecológica de um cidadão norte-americano ou japonês típico é de 4-5 hectares por pessoa por ano.[1] Ou seja, cada norte-americano ou japonês usa essa área para sustentar-se, e isso representa cerca de três vezes mais a área que lhe cabe na divisão global. Na verdade, se todos os habitantes da Terra vivessem como a média dos norte-americanos e dos japoneses, seriam necessários **mais três planetas** para sustentar a vida humana.

[1] A pegada ecológica do Brasil está em torno de 2 ha/pessoa/ano.

Se a população mundial continuar a crescer e chegar aos 10 bilhões de habitantes em 2050, como previsto, cada ser humano terá apenas **0,9 ha** de terra ecoprodutiva (assumindo que não haja mais degradação do solo!). **Viver sob tais condições pode significar a absoluta inviabilidade ou desmonte da forma atual de organização e estrutura da sociedade humana.**

Um mundo sobre o qual cada um impõe sua pegada ecológica, cada vez maior, não é sustentável. A pegada ecológica de toda a humanidade **deve ser menor** do que a porção da superfície do planeta ecologicamente produtiva.

Continuando tais tendências, o ganho que se tem em gestão ambiental[2] **será devorado pelo consumismo e pelas pressões do crescimento populacional**. Aí a sociedade humana poderá precisar de instrumentos de que talvez ainda não disponha!

[2] Reciclagem, reutilização, preciclagem (aquisição de produtos que não agridem o ambiente), gerenciamento ambiental integrado (ISO 9000, 14000 e 18000), manejo de bacias hidrogeográficas, manejo biorregional, eficiência energética, racionalização dos transportes, manejo dos resíduos sólidos, unidades de conservação, zoneamento, legislação, licenciamento e educação ambiental são alguns exemplos de processos de gestão ambiental.

PRINCIPAIS PROBLEMAS AMBIENTAIS GERADOS PELO MODELO

Entre os inúmeros problemas ambientais gerados pelo atual modelo de "desenvolvimento" cabe destacar os seguintes:

- aumento do efeito estufa;
- alterações climáticas;
- buraco na camada de ozônio;
- alterações da superfície da Terra;
- desflorestamento/queimadas;
- erosão do solo/desertificação;
- destruição de hábitats;
- perda da biodiversidade (genética, de hábitats, de ecossistemas);
- poluição (do ar, da água, do solo, sonora etc.);
- escassez de água potável;
- erosão da diversidade cultural;
- exclusão social;
- biouniformidade;
- tráfico de produtos restringidos;
- desconhecidos, mas em curso.

Stern (1993) acrescenta que as causas humanas indiretas dessas mudanças são:

- alterações na estrutura social;
- alterações nos valores humanos;
- crescimento da atividade econômica;
- consumo global de energia;
- crescimento populacional;
- mudanças tecnológicas.

ALGUNS DESSES ASPECTOS MERECEM UMA ABORDAGEM ESPECÍFICA

Aumento do efeito estufa

O efeito estufa integra o conjunto de processos responsáveis por manter a temperatura adequada na atmosfera da Terra. Sem eles congelaríamos.

O calor que vem do Sol é "aprisionado" por alguns gases que existem em pequenas quantidades na nossa atmosfera, impedindo que o calor retorne ao espaço cósmico. Assim, esse calor fica "guardado" em volta da Terra, aquecendo-a.

O dióxido de carbono (CO_2) é o principal gás que tem a propriedade de "aprisionar" o calor do Sol. O gás metano (CH_4) também faz isso, porém existe em menor quantidade (embora tenha uma capacidade de guardar calor 21 vezes superior ao dióxido de carbono).

Hoje, o excesso de gás carbônico é produzido por:

- processos industriais;
- consumo de combustíveis fósseis (gasolina, óleo diesel, querosene etc.);
- incêndios e queimadas;
- pecuária;
- desflorestamento.

O gás metano é emitido para a atmosfera pelos processos biológicos, que ocorrem principalmente nas plantações de arroz, nas pastagens (gado) e nos lixões urbanos.

O calor excessivo aprisionado na atmosfera por esses gases está elevando gradativamente a temperatura do planeta, ocasionando alterações climáticas.

As mudanças climáticas podem causar danos imprevisíveis. Os 2 mil cientistas designados pela ONU para compor o Painel Intergovernamental

sobre Mudanças Climáticas (IPCC) – grupo formado para promover estudos – concordam que as mudanças climáticas podem:

- derreter o gelo das calotas polares e elevar o nível da água dos mares, causando inundações;
- trazer prejuízos incalculáveis à agricultura;
- aumentar a incidência de doenças infecciosas;
- induzir perda da biodiversidade;
- aumentar a frequência e a intensidade de intempéries;
- tornar o clima errático e extremo.

As nações ainda não conseguiram chegar a um acordo que possibilite a redução das emissões de gás carbônico. Adaptar-se à mudança climática é o maior desafio evolucionário da espécie humana.

O desaparecimento maciço de espécies indica que o equilíbrio ecológico do planeta foi profundamente alterado.

Redução da camada de ozônio

O ozônio (O_3) é um gás que funciona como um filtro solar na camada superior da atmosfera que envolve a Terra. Ele nos protege contra a ação dos raios ultravioletas provenientes do Sol, que danificam as plantas e causam câncer de pele (no Brasil, são registrados **134 mil** casos de câncer de pele por ano).

Apesar da importância dessa camada, ela está sendo destruída pelos CFCs (clorofluorcarbono), utilizados em *sprays*, refrigeradores e condicionadores de ar.

A fabricação desses produtos químicos foi proibida por um acordo internacional, assinado por 175 nações (Protocolo de Montreal, 1987). O Brasil foi o terceiro país do mundo a deixar de fabricar tais produtos. Os CFCs estão sendo substituídos por outros produtos que não agridem o ambiente, mas os já contidos na alta atmosfera continuarão agindo por mais sessenta anos.

Ocorre que o tráfico de CFCs está adiando o prazo de recuperação da camada de ozônio. Países analfabetos ambientais, como a China e a Índia, lucram bilhões de dólares fabricando CFCs clandestinamente. Esses produtos são vendidos, no mercado internacional, por meio dos roteiros do tráfico de drogas e armas. Este é apenas um dos exemplos que justifica a necessidade de transformação do Programa das Nações Unidas para o Meio Ambiente (Pnuma) em uma **Organização Mundial para o Meio Ambiente** (com uma poderosa agência internacional de investigação ambiental).

Tráfico internacional de produtos restringido

São atividades criminosas que geram problemas ambientais incalculáveis. Bilhões de dólares estão envolvidos nessas transações desonestas:

- tráfico de animais silvestres, peles, bexigas, patas, apêndices e outros movimentam 20 bilhões de dólares por ano no mundo;[3]
- os resíduos tóxicos perigosos dos países ricos estão sendo depositados em países pobres e analfabetos ambientais (sobretudo na costa da África e no Sul da Ásia).

O Japão foi flagrado despejando 2700 toneladas de lixo hospitalar infeccioso nas Filipinas.

A espécie humana está voltada ao imediato e ao local. Perdeu a noção do todo.

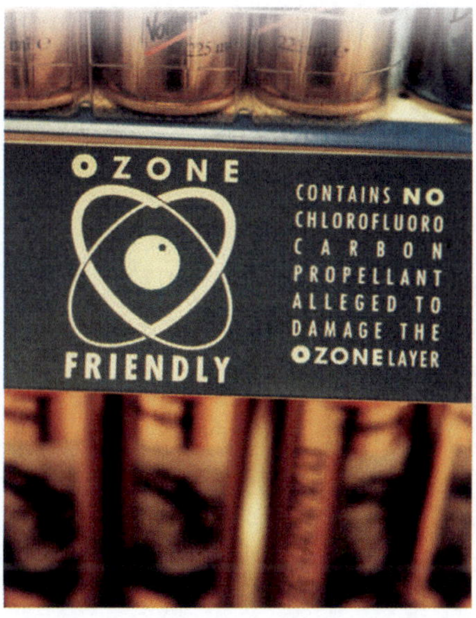

[3] O Brasil conta com a Rede Nacional Contra o Tráfico de Animais Silvestres (Renctas), importante ONG que faz um brilhante trabalho, em colaboração com a Polícia Federal, o Ibama e o Ministério do Meio Ambiente.

Escassez de água potável

De toda a água existente na Terra, 97% está nos oceanos. Ou seja, apenas 3% de toda a água é doce. Desse total, 76% está sob a forma de gelo, nas calotas polares, sendo, portanto, de difícil aproveitamento. O restante – que representa somente 0,63% da água doce disponível – é o que, na verdade, pode ser utilizado pelo ser humano para atender às suas necessidades.

Sua maior parte, contudo, é formada por águas subterrâneas, profundas e de difícil aproveitamento. Essa pequena porção de água disponível para o ser humano ainda sofre todo tipo de agressão – desde a destruição das nascentes dos rios, dos lagos e cursos d'água até o desperdício e a poluição.

Como resultado do comportamento dos seres em relação a esse recurso natural vital, o mundo convive com a escassez de água potável. Isso é responsável pela morte de mais crianças do que todas as doenças juntas e por conflitos sérios entre dezenas de nações.

11% da população mundial não tem acesso à água potável.

Em quase todos os continentes, os principais aquíferos subterrâneos estão sendo exauridos (esgotados). A velocidade de consumo é maior do que a taxa natural de recarga. Também, a velocidade de poluição é infinitamente superior à de depuração. Nos Estados Unidos, 60% dos poços, em áreas agrícolas, contêm pesticidas.

Da água consumida no mundo:

- 10% vai para o consumo residencial;
- 20% para o consumo industrial;
- 70% para a irrigação.

A proporção de água no corpo humano é exatamente a mesma proporção de água na superfície da Terra: 71%. Coincidência? Ou um grande recado da natureza?

46 nações estão em conflito por causa da água. A guerra por esse recurso é uma cruel realidade.

OUTRO DESAFIO: SANEAMENTO

Identifica-se o grau de evolução de uma comunidade pela forma como ela trata seus recursos hídricos e seu lixo.

Identifica-se a seriedade e a competência de uma administração pelos esforços em prol do saneamento. Não há saúde sem saneamento.

Cada litro de água utilizado produz outro litro de esgoto sanitário.

Cerca de 90 milhões de brasileiros ainda vivem em domicílios que não têm sistemas de coleta de esgoto sanitário (no mundo, são 2,4 bilhões de pessoas). Isso significa poluição das águas subterrâneas e muitas doenças, entre as quais:

- hepatite;
- febre tifoide;
- esquistossomose;
- diarreias e disenterias (ameba, solitária, cólera, amarelão, lombriga etc.).

Para cada R$ 1,00 investido em saneamento economizam-se R$ 4,00 em medicina curativa.

Poluição e falta de saneamento matam 1,7 milhão de crianças por ano, diz a OMS.

UM AGRAVANTE: CRESCIMENTO POPULACIONAL

A população humana continua a crescer 1,2% ao ano. São **75 milhões** de novas bocas que chegam ao mundo todo ano. Não há como sustentar isso sem conflitos.

Nossos números continuam a aumentar.

Os sistemas da Terra não.

A maioria dessa população vive em cidades de países pobres ou em desenvolvimento, sob condições ambientais precárias – poluição, falta de saneamento básico, condições inadequadas de moradia, entre outros problemas.

O crescimento populacional, **somado às condições socioeconômicas adversas e aos padrões de consumo exagerados**, está levando os habitantes do planeta a uma situação insustentável, tanto em termos ecológicos quanto políticos, sociais, econômicos e estéticos.

A sociedade humana está passando por transformações tão rápidas que não consegue mais assimilar todas as consequências de suas próprias atividades.

A CRISE URBANA

A maioria das pessoas vive agora em cidades. Pela primeira vez a espécie humana se torna basicamente urbana. Contudo, os socioecossistemas urbanos – a criação mais complexa do ser humano – estão se tornando lugares cada vez mais estressantes para se viver. A maioria das cidades convive com deficiências crônicas em seus serviços básicos (saúde, transporte, educação, segurança, saneamento, proteção ambiental e lazer), expondo seus habitantes a condições estressantes de qualidade ambiental.

Nas cidades dos países pobres esse quadro é agravado pelas migrações. O modelo de desenvolvimento atual não apoia o pequeno produtor rural. Este, empurrado por dificuldades financeiras, vende suas terras e migra para a periferia das cidades, onde engrossa o número dos excluídos, enfrentando o desemprego, a pobreza, a miséria, a violência, o estresse, a doença e a desagregação da família.

54% da população humana agora vive em cidades.

15% vive em uma faixa de cem quilômetros, no litoral.

Mesmo em algumas cidades dos países ricos, verifica-se um quadro de degradação ambiental generalizada, agravado pelo alto padrão de consumo, que gera quantidades ambientalmente insustentáveis de lixo urbano e gases tóxicos.

A forma como as cidades funcionam demonstra a crise de percepção do ser humano.

Quase todo o crescimento está ocorrendo em cidades que ocupam 4% da superfície da Terra, mas consomem 85% de seus recursos. O aumento da eficiência em uma parte relativamente pequena do mundo produziria grandes resultados.

Concorda-se que a batalha para se alcançar um equilíbrio sustentável entre a base dos recursos da Terra e as necessidades energéticas da espécie humana será ganha ou perdida, nas cidades do mundo (Sheehan, 2000).

Devido ao desmatamento, às queimadas e aos padrões de uso do solo, Altamira, no Pará, é a cidade que mais emite CO_2 no Brasil. São Paulo é a quinta.

As cidades geram 75% do gás carbônico que é despejado na atmosfera.

Depósito de pneus (EUA).

DESAPARECIMENTO DAS ESPÉCIES

Vivemos um período de extinção em massa. Estão ameaçados de extinção:

14% das aves
25% dos mamíferos
34% dos peixes

14% 25% 34%

Principais causas: destruição de hábitats (36%), caça (25%), desmatamento, incêndios florestais, pecuária, monoculturas, poluição, tráfico e ignorância.

Os anfíbios (sapos, rãs e salamandras) estão desaparecendo, em todo o mundo. Eles são elos vitais na rede alimentar. Sua morte é um prognóstico para os outros animais. Os anfíbios são bioindicadores (um tipo de "termômetro" da Terra), uma vez que são mais sensíveis às alterações ambientais do que outros organismos. Por viverem no meio aquático e no terrestre são afetados pelas agressões impostas aos dois ambientes. Seu desaparecimento indica que os dois meios estão se tornando impróprios à vida.

Outro sintoma é o branqueamento (morte) dos corais em todo o mundo, denunciado por redes de pesquisadores (herpetologistas).

A cada espécie que desaparece, a Terra empobrece, o ser humano fica mais só.

Causas de ambos: destruição de hábitats, poluição e aumento da temperatura da Terra (facilitam a proliferação e o ataque de fungos e vírus).

"O Senhor Deus tomou o homem e colocou-o no Jardim do Éden para trabalhá-lo e cuidá-lo." (Gênesis)

Concorda?

O QUE TEM SIDO FEITO PARA MUDAR ISSO?

A sociedade humana tem buscado resolver os graves problemas ambientais.

O primeiro grande esforço internacional nesse sentido foi a realização da *Conferência de Estocolmo* (Suécia, 1972), reunindo representantes de 130 nações, promovida pela Organização das Nações Unidas (ONU). A partir daí a preocupação com o ambiente tornou-se cada vez maior e a Educação Ambiental foi considerada um dos instrumentos mais importantes para promover as mudanças que se faziam necessárias.

Mas, apesar disso, a crise ambiental no mundo seria agravada nos anos seguintes.

Em 1992, passados vinte anos, representantes de 170 países estiveram reunidos na Conferência das Nações Unidas para o Meio Ambiente e Desenvolvimento, conhecida como **"Rio-92"**, para discutir a crise ambiental do planeta. Dessa importante conferência saiu a **Agenda 21**, um documento internacional de compromissos ambientais contendo recomendações para um novo modelo de desenvolvimento **(desenvolvimento sustentável)** e enfatizando a importância da **educação ambiental**.

Seguiram-se outros encontros internacionais para tratar especificamente de temas como biodiversidade, camada de ozônio, aumento do efeito estufa, aquecimento global e mudança climática, assentamentos humanos, crescimento desordenado da população mundial, situação da mulher, entre outras questões, que resultaram em importantes acordos, tratados e convenções, muitos dos quais ainda estão sendo negociados.

O importante é que os seres humanos estão buscando as soluções para o que eles próprios criaram, lutando para encontrar formas mais responsáveis, harmoniosas e sustentáveis de se relacionar com o ambiente.

Rio-92

Agenda 21

O QUE FOI A RIO-92?

Foi a Conferência da ONU para o Meio Ambiente e Desenvolvimento, realizada no Rio de Janeiro, em 1992, com a participação de representantes de 170 países. O encontro teve como objetivos principais:

- examinar a situação global;
- recomendar medidas de proteção ambiental;
- identificar estratégias para a promoção do desenvolvimento sustentável.

A Rio-92 apresentou os seguintes resultados:

- articulação de vários tratados, acordos e convenções;
- apresentação à sociedade humana da Agenda 21;
- mobilização internacional da sociedade em torno da temática ambiental.

A Rio-92 deu um grande impulso à diplomacia ambiental e iniciou negociações que resultaram em 230 tratados ambientais. É reconhecida, internacionalmente, como a conferência mais importante do milênio passado.

O QUE É A AGENDA 21 ?

É um plano de ação para o século XXI visando à sustentabilidade da vida na Terra. Na verdade, trata-se de uma carta de compromissos com o ambiente, constituindo-se em uma estratégia de sobrevivência para a humanidade.

Em seus quarenta capítulos, a Agenda 21 contempla:

- dimensões econômicas e sociais;
- conservação e manejo dos recursos naturais;
- fortalecimento da comunidade;
- meios de implementação das ações propostas.

Cada país, estado, município e instituição deve ter sua Agenda 21 como contribuição efetiva ao estabelecimento do desenvolvimento sustentável.

O QUE É DESENVOLVIMENTO SUSTENTÁVEL?

É um tipo de desenvolvimento que busca compatibilizar o atendimento das necessidades sociais e econômicas do ser humano com as necessidades de preservação do ambiente e dos recursos naturais, de modo que assegure a sustentabilidade da vida na Terra (para as gerações presentes e futuras).

Procura melhorar a qualidade de vida humana, respeitando a capacidade de suporte dos ecossistemas.

Acredita-se que o desenvolvimento sustentável seja a forma mais viável de sairmos da rota da miséria, exclusão social e econômica, consumismo, desperdício e degradação ambiental em que a sociedade humana se encontra.

Contudo, com os atuais padrões de produção e consumo, somados ao crescimento populacional e às injustiças sociais e econômicas vigentes, o desenvolvimento sustentável não é viável nem teoricamente! **Isso exigiria uma suspensão voluntária da credulidade**.

Um mundo repleto de sociedades que consomem mais do que são capazes de produzir, e mais do que o planeta pode sustentar, **é uma impossibilidade ecológica**.

Para Brown e Flavin (1999), uma economia é ambientalmente sustentável quando:

- a pesca não excede a produção dos pesqueiros;
- a quantidade de água extraída dos aquíferos não excede a recarga;
- a derrubada de árvores não excede a plantação e o crescimento de novas árvores;
- a emissão de carbono não excede a capacidade de assimilação da natureza;
- não aniquila as espécies mais rapidamente do que se desenvolve.

Essas mudanças não ocorrerão sem conflitos, porquanto representam forte ameaça à ordem mundial estabelecida, em que os modelos vigentes de "desenvolvimento" tendem a perpetuar as relações opressor-oprimido, imediatista e utilitarista. Eis o desafio.

De qualquer forma, o elemento fundamental para a implantação desse novo modelo é a Educação Ambiental.

O desenvolvimento sustentável só é atingido com justiça social.

O QUE É EDUCAÇÃO AMBIENTAL?

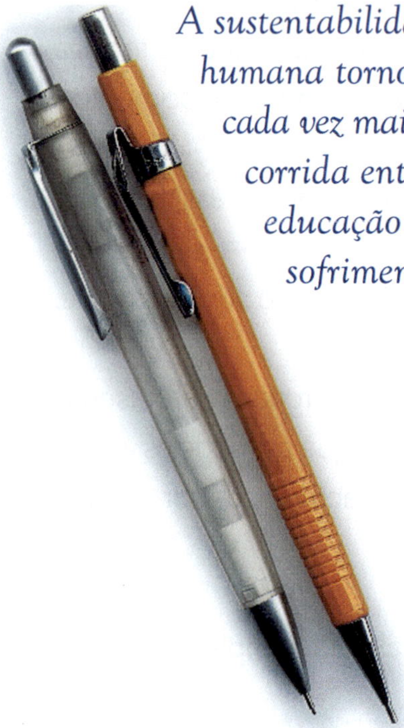

A sustentabilidade humana tornou-se cada vez mais uma corrida entre a educação e o sofrimento.

É um **processo** contínuo no qual os indivíduos e a comunidade tomam consciência de seu ambiente e adquirem o conhecimento, os valores, as habilidades, as experiências e a determinação que os tornam aptos a agir – individual e coletivamente – e a resolver os problemas ambientais presentes e futuros (conceito definido na Conferência de Tbilisi, Unesco, 1977).

Na verdade, a Educação Ambiental estimula o exercício pleno e consciente da cidadania (deveres e direitos) e fomenta o resgate e o surgimento de novos valores que tornem a sociedade mais justa e sustentável.

O conceito moderno de Educação Ambiental considera o meio ambiente em sua totalidade e dirige-se às pessoas de todas as idades, dentro e fora da escola, de forma contínua, sintonizada com suas realidades sociais, econômicas, culturais, políticas e ecológicas. Estimula e orienta para o exercício pleno e responsável da cidadania.

Não existirá uma sociedade humana sustentável sem uma educação renovadora.

A Educação Ambiental sensibiliza as pessoas sobre o meio ambiente (como funciona, como dependem dele e como o afetam), levando-as a participar ativamente de sua defesa e melhoria.

A Educação atual promove a desconexão, "treina" as pessoas para que ignorem as consequências ambientais de seus atos.

A "Educação" foi centrada apenas nos cinco sentidos.

Erro contra a Percepção.

O Brasil já possui uma Política Nacional para a Educação Ambiental (Lei nº 9.795/99) assinada pela Presidência da República em 27 de abril de 1999. A temática ambiental passa a ser obrigatória em todos os níveis do processo educacional, de forma integrada e **interdisciplinar**, ou seja, o tema é abordado em **todas** as disciplinas.

29% da população mundial é analfabeta (cerca de 2,3 bilhão de pessoas).

O QUE FOI A RIO + 20 ?

Foi a Conferência das Nações Unidas sobre o Desenvolvimento Sustentável realizada no Rio de Janeiro (13 a 22 de junho de 2012), vinte anos após a Rio-92.

Visou debater sobre a renovação do compromisso político sobre o Desenvolvimento Sustentável.

Teve como temas centrais:

- economia verde;
- erradicação da pobreza;
- governança ambiental.

Foi o maior evento da história ambiental. A ONU emitiu 45 381 credenciais. Foram 10 822 para delegações (de 193 países), 9856 para ONGs, 4075 para a mídia e 4363 para segurança interna, entre outras.

Realizaram-se 6 mil eventos em nove dias. Jamais se viu tamanha mobilização popular.

No aterro do Flamengo a Cúpula dos Povos (evento paralelo) reuniu 15 mil representantes da sociedade civil que ao final divulgaram um documento clamando por justiça social e ambiental em defesa dos bens comuns, contra a mercantilização da vida e as falsas soluções.

A Conferência aprovou o texto "O futuro que queremos"[4] considerado tímido por alguns e relevante para outros.

O evento foi muito importante devido à mobilização da opinião pública, à visibilidade das questões ambientais e à participação das pessoas de todo o mundo trocando informações, interagindo e formando redes de cooperação e parcerias.

---

[4] As versões finais dos documentos da Rio + 20 estão disponíveis em: https://sustainabledevelopment.un.org

O QUE É NECESSÁRIO FAZER AGORA?

O ser humano precisa modificar o quadro de insustentabilidade existente no planeta. Para tanto, será necessário buscar um **novo estilo de vida** baseado em uma **ética global**, resgatar e criar novos **valores** e repensar e modificar os seus hábitos de consumo. Precisa-se viabilizar o **desenvolvimento sustentável**.

Os Objetivos de Desenvolvimento Sustentável (ODS) são um apelo global à ação para proteger o meio ambiente e o clima, e melhorar a vida das pessoas. Foram estabelecidos pela ONU em 2015 e assinados por todos os 193 países membros, com o objetivo de alcançar um futuro mais sustentável para todos até 2030. Eis:

1. Erradicação da Pobreza
2. Fome Zero e Agricultura Sustentável
3. Saúde e Bem-Estar
4. Educação de Qualidade
5. Igualdade de Gênero
6. Água Potável e Saneamento
7. Energia Acessível e Limpa
8. Trabalho Decente e Crescimento Econômico
9. Indústria, Inovação e Infraestrutura
10. Redução das Desigualdades
11. Cidades e Comunidades Sustentáveis
12. Consumo e Produção Responsáveis
13. Ação Contra a Mudança Global do Clima
14. Vida na Água
15. Vida Terrestre
16. Paz, Justiça e Instituições Eficazes

17. Parcerias e Meios de Implementação
(As informações completas estão em: www.brasil.un.org)

O ano de 2030 já chegou. O que foi cumprido?
Como vimos até agora, estamos todos em uma bela enrascada.
Será? Sigamos.

A **Educação Ambiental** é o instrumento principal para processar essas transformações.

Torna-se necessário promover os **Rs**:
Respeito a si mesmo
Respeito ao próximo
Responsabilidade por suas ações
Reduzir o consumo
Reutilizar materiais
Reciclar e preciclar
Replanejar

Há a necessidade de se promoverem as seguintes atividades intersetoriais:

- conservação de energia;
- racionalização do uso da água;
- racionalização do uso de combustíveis fósseis;
- compostagem;
- reflorestamento;
- oficina de reaproveitamento;
- preciclagem;
- coleta seletiva e reciclagem;
- redução de emissões de CO_2;
- utilização de energia de fontes renováveis.
- ?

Conservação de energia

A sociedade atual é dependente de energia elétrica. O ser humano precisa aprender a utilizar esse recurso de forma mais eficiente. No Brasil, o problema mais grave na área de energia é o desperdício (16,5%). O país perde 15 bilhões de dólares por ano, em razão de equipamentos obsoletos, máquinas desreguladas e hábitos de consumo inadequados (banhos quentes demorados, luzes acesas desnecessariamente etc.).

Em virtude disso, adotam-se medidas drásticas para conter o consumo. No entanto, para atender à crescente demanda, será necessário construir novas usinas hidrelétricas, o que em geral produz graves danos ambientais. Para superar esse quadro preocupante, o Brasil terá de aumentar sua eficiência energética, por meio da utilização de equipamentos que consumam menos energia sem prejuízo de seu desempenho, bem como estimular a mudança de cultura quanto aos hábitos e práticas que evitem o desperdício.

Deve-se estimular a pesquisa em eficiência energética dos sistemas atuais, com o desenvolvimento e a utilização de novas fontes renováveis, como a energia solar, a eólica (ventos), a geotérmica (calor da Terra) e a queima de biomassa.

O Projeto de Conservação de Energia tem como objetivo:

- difundir uma nova cultura para o uso da energia elétrica, com a adoção de um consumo que evite o desperdício;
- substituir lâmpadas, reatores, motores e outros equipamentos por unidades energeticamente mais eficientes;

- promover campanhas de capacitação em combate ao desperdício de energia, por meio da utilização de recursos instrucionais, como cartilhas, livretos, vídeos e maquete demonstrativa do consumo residencial de energia.

Racionalização do uso da água

A finalidade é difundir práticas responsáveis de consumo desse recurso natural e implantar medidas de economia. Preveem-se a otimização das instalações e a substituição de equipamentos mais apropriados para evitar o desperdício (torneiras automáticas, descargas ecoeficientes e outros).

Recomenda-se o armazenamento da água da chuva para uso em descargas de vasos sanitários, jardins e outros (não tem sentido continuar usando água potável, tratada com cloro, para esses fins).

Racionalização de uso de combustíveis fósseis

O mundo tem uma absurda frota de 1,5 bilhão de veículos (2025). O Brasil tem 124 milhões.

Não é sustentável. Imagine que a cada quilômetro rodado um carro despeja 160 g de CO_2 na atmosfera. A frota de carros elétricos e híbridos ainda é pequena, porém, em plena evolução.

Para evitar o desperdício e reduzir o impacto negativo de uso (poluição do ar, sonora e outras), adotar os seguintes cuidados de modo sistemático:

- regular o motor;
- calibrar os pneus (uma das maiores fontes de desperdício);
- conduzir o veículo de modo eficiente (sem arrancadas ou freadas bruscas; evitar buzinar, por exemplo).

Compostagem e reflorestamento

Processo que transforma sobras orgânicas em adubo. Materiais oriundos da poda de árvores e corte de gramados, por exemplo, podem ser transformados em adubo orgânico de excelente qualidade.

Os adubos produzidos são levados para hortas comunitárias, viveiros de mudas para reflorestamento e jardins.

FOLHA NÃO É LIXO

Oficina de reaproveitamento

Em vez de levar certos materiais para o lixo (móveis velhos, sucatas de diversos instrumentos, metais, sobras de material de construção, pedaços de metais e madeira e outros), onde certamente iriam poluir o ambiente em lixões, esses materiais podem ser encaminhados a uma Central de Reaproveitamento. Ali, a comunidade tem acesso tanto para buscar quanto para levar materiais e reaproveitá-los. Também estudantes e artistas reaproveitam sucatas e outros materiais descartados para transformá-los em obras artísticas e/ou dar-lhes nova utilização.

Preciclagem

Compreende a aquisição de produtos que, de modo comprovado, não agridem o ambiente, a exemplo de papéis reciclados, detergentes biodegradáveis, *sprays* sem CFC e outros.

Agindo dessa forma, estimulam-se as indústrias que investem na evolução dos seus produtos, tornando-os ambientalmente corretos, deixando nas prateleiras os produtos que agridem o ambiente.

Coleta seletiva & reciclagem

Aquele copo descartável de plástico que você usou por alguns minutos permanecerá no ambiente por mais de cem anos, sem se decompor, interferindo na dinâmica dos ecossistemas (ciclagem de nutrientes – mecanismos de "lubrificação" da natureza).

Uma fralda descartável ou uma embalagem de isopor, por exemplo, pode permanecer no ambiente até quatrocentos anos.

Em média, cada pessoa produz 1 kg de lixo por dia. Considerando que somos 8,2 bilhões de seres humanos, pode-se imaginar a gigantesca quantidade de resíduos que são acumulados no ambiente.

Parece óbvio que esses hábitos de consumo não são sustentáveis. É necessário, portanto, além do processo de sensibilização/conscientização para mudanças de hábitos, promover ações efetivas. A coleta seletiva e a reciclagem são partes dessa mudança.

A palavra "lixo" não deve ser mais usada. A cultura do "lixo" deve desaparecer para dar lugar à cultura dos **resíduos sólidos** (matéria-prima a ser reaproveitada).

O Brasil tem uma lei específica sobre o assunto (Lei nº 12.305/10, que institui a Política Nacional de Resíduos Sólidos – PNRS).

Quais as vantagens e os benefícios da reciclagem?

Um dos benefícios mais importantes da reciclagem é a recuperação de recursos naturais (matéria-prima) por meio da reutilização, reciclagem e reprocessamento de materiais antigamente tidos como lixo.

Com a reciclagem desses materiais, tem-se:

- a diminuição da exploração dos recursos naturais, quando se busca matérias-primas, poupando os ecossistemas de:
    - desflorestamentos;
    - destruição de hábitats;
    - pressão sobre a biodiversidade;
    - queimadas;
    - erosão;
    - perda de solo fértil e queda da produtividade agrícola;

- assoreamento dos rios e lagos, com danos à fauna aquática e à qualidade da água.
- a redução do consumo de água e de energia elétrica;
- a redução da poluição causada por emissões de gases poluentes e por resíduos sólidos gerados nos processos de extração e industrialização de matérias-primas;
- a redução da quantidade de lixo a ser levada para os aterros sanitários, aumentando sua vida útil (nenhuma comunidade quer um aterro próximo de suas residências. É o efeito NNMQ – "Não No Meu Quintal"). Evitam-se os produtos da decomposição do lixo, ou seja, o **chorume** (líquido escuro, contaminador de águas subterrâneas) e o **gás metano** (responsável pelo aumento do efeito estufa).

Os materiais reciclados, embora sejam utilizados como substitutos de matérias-primas, podem produzir um novo tipo de material (deixando os recursos naturais em paz).

A reciclagem, além de reduzir os impactos ambientais, representa uma grande oportunidade econômica e social, pois gera emprego e renda. O que antes era um problema (o "lixo"), passa a ser uma solução.

Somos hoje o segundo maior reciclador do mundo. Contudo, por enquanto, esse título deve-se mais à exclusão social do que a medidas ambientais.

A reciclagem do alumínio, no Brasil, gera 443 mil postos de trabalho.

Exemplos de vantagens e benefícios da reciclagem

A reciclagem de uma garrafa de vidro economiza energia suficiente para o funcionamento de uma lâmpada de 100 watts durante 4 horas. Um quilo de vidro usado transforma-se em um quilo de vidro novo. Não há perda de matéria-prima, praticamente não produz resíduo e economiza 30% de energia elétrica.

A cada cinquenta quilos de papel reciclado evita-se o corte de uma árvore. O Brasil recicla 67% de papel. A média de consumo mundial de papel é de 55 kg ao ano.

A reciclagem do plástico economiza produtos derivados de petróleo. Os plásticos são transformados em produtos como engradados, baldes, tubulações para esgoto, sacos de plástico, sacolas etc.

Precisa-se, urgentemente, proibir a colocação de papel nos aterros.

A produção de aço valendo-se da reciclagem de latas utiliza 75% menos energia do que a sua produção com ferro virgem e/ou carvão.

Precisamos ir além da reciclagem para a simbiose industrial, em que o resíduo de uma empresa se torna o insumo de outra.

O Brasil recicla 55% das garrafas PET, 19% dos plásticos, 99% das latinhas de alumínio (líder mundial). Mais pela exclusão social do que por gestão ambiental. Mas já é um avanço.

Cada tonelada de alumínio reciclado evita a retirada de cinco toneladas de minério bauxita e poupa 95% de energia elétrica.

Não vamos mudar o mundo apenas reciclando latinhas. É preciso muito mais do que isso. A reciclagem deve ser vista somente como um componente do complexo processo de redução dos impactos ambientais. Ela sozinha não resolve o problema, apenas adia.

Além de adotar os processos aqui descritos será necessário também:

PARTICIPAÇÃO COMUNITÁRIA E CUMPRIMENTO DAS POLÍTICAS AMBIENTAIS

Muda-se o mundo com ideias e participação. A formação e a atuação responsável de organizações não governamentais (associações comunitárias) estão mudando o mundo. Em 1909 eram apenas 176 ONGs em todo o mundo. Atualmente ultrapassam 879 mil só no Brasil. O lado bom: poder para as comunidades. O lado ruim: substituição de funções do Estado e corrupção.

Por sua vez, as empresas incorporam a dimensão ambiental em suas atividades e desenvolvem sua Política Ambiental, que deve conter vários compromissos.

Exemplo de Política Ambiental

- incorporação da dimensão ambiental;
- aprimoramento contínuo da gestão;
- redução de efluentes e resíduos;
- redução de aspectos/ impactos ambientais;
- eliminação do passivo ambiental;
- comunicação com as partes interessadas;
- atendimento da legislação ambiental e regulamentos;
- cumprimento dos objetivos e metas ambientais.

Objetivos e metas ambientais devem ser estabelecidos com base nos programas/projetos significativos de melhoria contínua de desempenho ambiental, levando em consideração a legislação ambiental e os regulamentos vigentes.

TENDÊNCIAS E DESAFIOS

Tendências negativas

Se as tendências negativas não forem revertidas, a deterioração ambiental resultará em declínio econômico.

- redução dos níveis do lençol freático;
- deterioração da qualidade da água subterrânea;
- encolhimento de áreas cultiváveis (escassez de terras agrícolas);
- segundo a FAO, cerca de 90% dos estoques pesqueiros estão sobrepescados ou plenamente explorados;

- urbanização crescente;
- população crescente;
- padrões de consumo dispendiosos;
- extinção acelerada de espécies vegetais e animais;
- analfabetismo ambiental;
- crescimento da produção e do consumo de transgênicos;[5]
- uso crescente de disruptores endócrinos.[6]

Tendências positivas

- crescimento do uso de energias renováveis: eólica (ventos), fotovoltaica (solar) e hidrogênio verde (obtido por eletrólise de água utilizando energias de fontes renováveis, sem emissão de CO_2);
- implantação de economia circular em vários setores da produção (reduzir, reutilizar, reciclar, preciclar);
- valorização da transparência em práticas ESG (ambientais, sociais e governamentais);
- aumento da agricultura orgânica (sem uso de produtos químicos sintéticos) e da agricultura regenerativa (recuperação de áreas degradadas);
- redução global no consumo de carne;
- intensificação das ações de replantio de árvores;
- utilização do Manejo Integrado do Fogo para prevenir e reduzir os incêndios florestais;

---

[5] São produtos agrícolas modificados geneticamente. Em geral, contêm genes de vírus, bactérias, animais e outros organismos que os tornam resistentes aos ataques de pragas. Vantagens: proporcionam a agricultura industrial (em larga escala); reduzem os custos de produção; resistem à pulverização de herbicidas; reduzem o uso de mão de obra, por simplificação do controle de pragas. Desvantagens: estudos sugerem redução do sistema imunológico; podem provocar reações alérgicas e tóxicas nas pessoas; existem incertezas quanto aos danos que podem causar aos ecossistemas. Transgênicos mais usados: soja e milho.

[6] São produtos químicos sintéticos utilizados como pesticidas e vários fins industriais, capazes de provocar interferências nos hormônios. Podem causar atraso no desenvolvimento intelectual, câncer nos testículos e redução imunológica (sistema de defesa do organismo). Podem ser encontrados na carne, no leite, no peixe e em outros produtos animais.

Sinais de evolução: o lixão de Brasília foi desativado em 2018. Na atualidade, opera-se um moderno aterro sanitário e uma estação de tratamento de chorume (gestão de resíduos sólidos). Há, porém, muito lixo ainda em Brasília...

- crescente pesquisa e inovação tecnológica para mitigação e adaptação à mudança climática;
- descarbonização da energia mundial (substituição do petróleo);
- aumento do uso de biocombustíveis na indústria;
- redução do uso de papel em todo o mundo;
- crescimento da frota mundial de veículos híbridos e elétricos;
- crescente pesquisa, inovação e desenvolvimento de tecnologias que reduzem impactos ambientais;
- globalização da informação;
- crescimento do empreendedorismo na área ambiental;
- ampliação das redes de monitoramento ambiental;
- ascensão na procura e valorização da certificação ambiental (medidas efetivas de proteção ambiental);
- consolidação dos processos de Educação Ambiental em todos os níveis, em especial, o consumo consciente;
- amplificação da sensibilização, engajamento e mobilização das comunidades;
- aumento da criação e atuação de ONGs.

E a lista não para de crescer.

Observe que **todas** as tendências positivas contribuem para a redução das emissões de gases que aumentam o efeito estufa, aquecem a Terra e causam mudança climática.

Desafios

Os grandes desafios são:

- estabilizar o clima;
- estabilizar as populações;

Geração de energia eólica.

- reduzir os padrões de consumo;
- promover a justiça social.

As ameaças à estabilidade política futura estão se tornando mais ambientais do que militares.

(Brown, 2000)

Precisamos:

- ampliar as áreas naturais protegidas;[7]
- criar impostos sobre o uso de carbono e enxofre;
- iniciar a Era do Hidrogênio;
- ampliar o uso do transporte coletivo;
- tornar efetivos os Tratados Ambientais Internacionais;
- acelerar o uso de fontes alternativas de energia;
- investir em educação.

A alimentação humana precisa ser repensada.

Muitas "soluções" precisam ser revistas. Hoje, 40% dos alimentos do mundo é produzido por irrigação. Um em cada cinco hectares de terra irrigada está salinizado. A maioria das sociedades com base na irrigação fracassou. Há excesso de bombeamento de água. Para produzir 1 kg de soja, gastam-se 2 mil litros de água; um bife (de carne de boi), 43 mil litros.[8]

---

[7] O Brasil tem 30,6% de seu território em áreas protegidas (4ª mundial).
[8] Conceito de água virtual (água necessária no processo de produção/transporte/preparação do produto; Pimentel, 2004).

AMBIENTALISMO DESTRÓI EMPREGOS?

Esse é um discurso falso. Segundo Michael Renner (2000), no mundo, a cada ano, mais de 10% dos empregos desaparecem, **por se tornarem ultrapassados**, sendo substituídos por outros diferentes.

Na atualidade, as áreas que mais oferecem novos empregos são:

- informática;
- turismo (e ecoturismo);
- meio ambiente.

O Brasil tem mais de dois mil cursos na área ambiental. A demanda por profissionais qualificados não para de crescer. As áreas mais comuns são:

- controle de poluição (pesquisas, novos equipamentos);
- legislação ambiental;
- fontes alternativas de energia;
- reciclagem e refabricação;
- eficiência energética (transporte, indústria, equipamentos);
- educação ambiental;
- gestão ambiental;
- políticas públicas;
- tributação ambiental;

Intolerância racial: involução

- absorção de novas tecnologias;
- diplomacia ambiental;
- economia ecológica;
- consultoria.

Os problemas ambientais estão liderando, cada vez mais, as agendas políticas internacionais.

ANALFABETISMO AMBIENTAL: O DESAFIO

O analfabetismo ambiental representa a maior ameaça à sustentabilidade da civilização humana. O seu antídoto é a Educação Ambiental e a Ética.

Houve uma época em que a escravidão era "aceita" por setores da humanidade. O absurdo de raptar pessoas nas aldeias africanas, atirá-las em navios imundos e levá-las para serem vendidas, como simples mercadorias, já foi uma realidade, hoje condenada.

Espera-se que, agora possamos falar o mesmo a respeito do absurdo de se tratar a natureza como temos feito.

Temos um grande desafio, negligenciado há séculos: atender às necessidades materiais de todos os bilhões de seres humanos e restaurar um equilíbrio sustentável entre a humanidade e os sistemas ecológicos da Terra.

Não existe meio-termo. Ou construímos uma economia que respeite os limites da Terra ou continuamos com o que está aí até o seu declínio e nos envolvemos em uma tragédia evolutiva.

Impostos ambientais deverão permitir aos governos incrementar a economia em direção à segurança do meio ambiente.

(Roodman, 2000)

Ou reconhecemos os limites naturais da Terra e ajustamos nossa economia, ou prosseguimos ampliando cada vez mais a nossa pegada ecológica até que seja muito tarde. Estamos envolvidos em um grande experimento global.

Um dia, os recursos naturais serão reconhecidos por suas contribuições aos sistemas que mantêm a vida na Terra, e não simplesmente por seu valor como bens econômicos.

Observe esta linha do tempo e reflita:

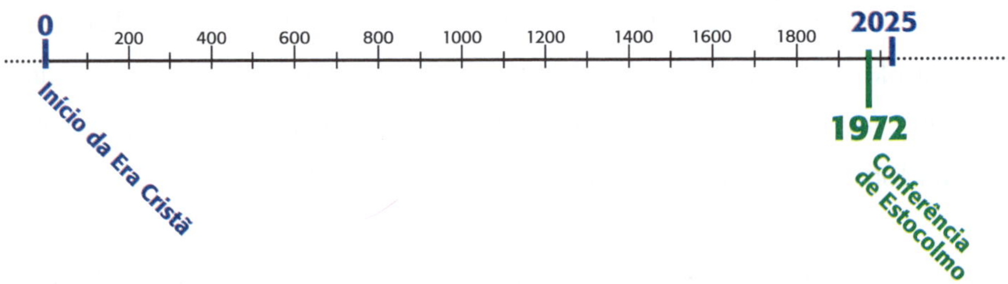

Em 2 mil anos de história, somente nos últimos 53 anos criamos as LEIS AMBIENTAIS. Portanto:

SOMOS A GERAÇÃO QUE INICIOU A MUDANÇA

O QUE VOCÊ PODE FAZER ?

Reconhece-se que ainda predomina um quadro cruel de degradação ambiental em todo o mundo. Entretanto, as pessoas estão reagindo. É inegável que nos últimos anos a sociedade humana buscou melhorias em sua relação com o ambiente. A temática ambiental difundiu-se, criaram-se políticas específicas e as pessoas estão mais sensibilizadas sobre essas questões. No entanto, o que se faz, ainda, é insuficiente para produzir as mudanças de mentalidade que são necessárias.

Cada vez mais, sabemos que a solução para os graves problemas ambientais que se apresentam depende de cada um de nós. Somente quando **cada um internalizar a necessidade dessa mudança**, e fizer a sua parte, poderemos alcançar as mudanças de percepção em nossas relações com o ambiente, e com nós mesmos.

Como eleitores e consumidores temos grande influência.

A utilização racional dos recursos naturais da Terra é tarefa diária de todos nós. Ao final de cada dia, ao colocarmos nossa cabeça sobre o travesseiro, devemos ter dado a nossa contribuição efetiva, responsável e consciente de cidadania.

CONTRIBUIÇÕES INDIVIDUAIS PARA A SUSTENTABILIDADE

1. Seu voto é um poderoso instrumento de mudança. Escolha os governantes por seu histórico. Devemos eleger pessoas honestas e competentes, que defendam nossos direitos constitucionais e promovam ações em prol da manutenção e melhoria da qualidade ambiental e, em consequência, da melhoria da qualidade de vida.

2. Expresse sua insatisfação sempre que os seus direitos de um ambiente ecologicamente equilibrado forem desrespeitados; acione os órgãos ambientais locais e federais. Tenha sempre à disposição os telefones dessas instituições.

   Telefone, envie mensagens eletrônicas, cartas ou qualquer outro meio de comunicação. Manifeste seu descontentamento.

3. Conheça a legislação ambiental brasileira (federal, estadual e municipal). É um poderoso instrumento de ação, indispensável para exercermos nossos direitos.

   Ela favorece, em primeiro lugar, as reivindicações vindas de associações. Forme e participe de associações comunitárias, que representam a forma mais eficaz de atuação democrática.

4. As árvores de sua rua e de sua cidade são um patrimônio público. Elas tornam o microclima mais ameno, reduzem a poluição atmosférica e sonora, além de embelezar e alegrar o ambiente. Para cortá-las, necessita-se de uma autorização especial. Exija a apresentação dessa autorização se alguém a estiver cortando. Caso não haja, comunique o fato, imediatamente, aos órgãos ambientais e, em última instância, aos bombeiros e/ou à polícia.

Informe-se sobre as espécies de árvores mais adequadas a serem plantadas em ambiente urbano. Algumas possuem raízes que arrebentam tubulações e pavimentações, outras liberam excesso de grãos de pólen (causando alergias).

Ainda persiste o hábito errado de pintar, de branco, o tronco das árvores, como um tipo de "ornamentação". Além de ser esteticamente discutível, a pintura impermeabiliza o tronco e prejudica sua transpiração. Não permita que isso aconteça.

Em sua associação, estimule as práticas de plantio em seu bairro. Cadastre as árvores plantadas (uma pequena plaqueta de alumínio, com o nome da árvore, quando foi plantada e quem a plantou).

5. Depois do tráfico de drogas, o tráfico de animais silvestres movimenta somas impensáveis de dólares, em todo o mundo. A maior parte dos animais traficados morre. Desestimule essa prática criminosa, prevista no art. 29 da Lei dos Crimes Ambientais (Lei nº 9.605/98 e Decreto nº 3.179/99). Não compre animais silvestres, peles ou quaisquer produtos extraídos de animais silvestres.

Quando, em viagem, encontrar pessoas vendendo animais silvestres (micos, tatus, pacas, papagaios e outros), pare e converse com as pessoas. Estimule-as a procurar outras formas de sobrevivência.

A caça "esportiva" não deixa de ser uma prática primitiva, cruel e desigual. Esse massacre, disfarçado em "esporte", não deve ser aceito. O animal caçado não tem chances.

6. Precicle, sempre que for possível. Preciclar é dar preferência a produtos que exibam cuidados com o ambiente (como: *sprays* que não contenham CFCs, gases que agridem a camada de ozônio a qual nos protege dos raios solares causadores de câncer de pele). Ao deixar nas prateleiras aqueles produtos de empresas que ainda não têm responsabilidade socioambiental, estaremos estimulando as empresas responsáveis e punindo as desatualizadas.

Geladeiras e aparelhos de ar-condicionado velhos desprendem CFCs para a atmosfera. Substitua-os o mais breve possível.

7. Os resíduos sólidos (lixo) representam um dos maiores problemas ambientais urbanos. A despeito dos avanços em reciclagem e reutilização, a estratégia mais recomendada é a **redução** da produção de resíduos. Reduza a produção de lixo. Dê preferência a produtos que não tragam embalagens não recicláveis.

Apoie iniciativas de preciclagem, reciclagem e redução de uso dos recursos naturais. Cada item reciclado significa menos consumo de água, energia elétrica, desflorestamentos e matéria-prima, de uma forma geral.

8. Utilize o fogão racionalmente: fogo brando e panelas de pressão ajudam a economizar gás. Utilize o forno com moderação. Aproveite seu calor para assar/aquecer coisas diferentes.

9. A água potável é um produto em escassez no mundo. Economizar esse recurso é um dever de todos. Ao escovar os dentes, tomar banho, lavar louça, fazer a barba, mantenha a torneira fechada enquanto não usa o fluxo de água.

10. Economize energia elétrica. Ao fazer isso, a demanda por energia elétrica será contida e não precisaremos construir mais hidrelétricas (causam sérios danos ambientais). Utilize os eletrodomésticos racionalmente. O chuveiro e o ferro de passar são os maiores vilões. Instale lâmpadas fluorescentes compactas, mais modernas, que iluminam da mesma forma e gastam até 80% menos.

Mantenha os rádios, *cd players* e televisores desligados, se não houver alguém utilizando-os. Ao sair de um ambiente, desligue as luzes.

11. Pratique o consumo consciente. Ao efetuar suas compras, reduza-as ao mínimo necessário. Todos os produtos que você adquire geram impactos sobre o ambiente.

12. Passamos boa parte de nossas vidas no trabalho. Há necessidade de revermos alguns hábitos: prefira copos de vidro, em vez de copos descartáveis. Caso ainda use copos descartáveis, adote um copo para o dia todo; utilize o verso dos papéis usados; dê preferência à lapiseira em vez de lápis; ao fazer cópias (tipo xerox ou outra), utilize os dois lados do papel; ao microcomputador, só dê a ordem de *imprimir* quando tiver certeza de que o texto está como você quer; faça sugestões para reduzir o impacto ambiental gerado em seu setor. Contribua para que a coleta seletiva seja um sucesso.

13. Sobras de tintas não podem ser levadas ao lixo. Doe-as para serem utilizadas até o fim.

14. Baterias de celulares e pilhas não podem ser dispostas no lixo. Possuem metais pesados perigosos, como o chumbo e o cádmio que poluem as águas subterrâneas (são cancerígenos). Esses produtos devem receber uma destinação especial. Há leis que obrigam os fabricantes a recolhê-los. Muitas empresas já dispõem de recipientes para receber baterias descartadas.

15. A indústria do fumo recolhe 9 bilhões de reais de impostos federais por ano. Nesse mesmo período, o país gasta 153,5 bilhões de reais nos seus sistemas de saúde por causa do tabagismo. Além de degradar a qualidade do ar, é responsável por 443 óbitos por dia, no Brasil (8 milhões ao ano, no mundo). Uma tragédia social. Pare de fumar agora! Sem desculpas.

16. Exija que a escola de seus filhos aborde a questão ambiental. Participe das atividades escolares-comunitárias. Incentive os jovens a seguir as novas carreiras criadas na área ambiental.

17. Informe-se sobre o Plano Diretor de sua cidade. Participe das audiências públicas que definem a viabilidade ambiental de obras urbanas.

18. Os transportes consomem 25% (no Brasil, 65%!) da energia gasta pelo ser humano. Os carros representam a última solução de locomoção. O transporte individual, oneroso e prejudicial ao ambiente, por interesses de grupos, tomou o lugar do transporte coletivo. Enquanto esse quadro não muda, podemos adotar alguns cuidados para reduzirmos o impacto negativo de seu uso: racionalize o uso do carro. A carona solidária é um bom começo; adquira o hábito de calibrar os pneus de seu carro, no mínimo, uma vez por mês. Pneus descalibrados são a maior fonte de desperdício de combustível.

Sempre que possível, substitua o uso do carro para ir a lugares mais próximos por uma caminhada. Não tem sentido deslocar uma tonelada de ferro para trazer cem gramas de pão!

Leia atentamente as instruções do fabricante de seu carro. Os manuais atuais trazem muitas recomendações a respeito de formas menos impactantes de se utilizar um veículo:

- Evite arrancadas bruscas. Elas denotam nervosismo, arrogância e exacerbação da competitividade. Causam desgaste prematuro de diversos componentes mecânicos, além de contribuir para a poluição atmosférica e sonora e somar-se a fatores que tornam o ecossistema urbano estressante.
- Ao substituir os pneus, não os deixe expostos. Entregue-os para reciclagem (são transformados em óleo combustível, tapetes, asfalto-borracha, pisos, solados de sapato e outros).

  Em nenhuma hipótese permita a incineração de pneus ou plásticos. A queima desses produtos libera gases tóxicos para o ar atmosférico, muitos deles cancerígenos (dioxinas). Essa incineração constitui-se em crime ambiental, previsto em lei.

- Pneus ao ar livre acabam acumulando água, abrigando focos de insetos transmissores de diversas doenças (dengue, por exemplo). Ao guardar pneus, faça-o a fim de deixá-los protegidos.
- Comprar pneus usados, importados, significa comprar resíduos de outros países. A forma que os países ricos encontraram para ficar livres dos pneus usados foi transferi-los para os outros. Gaste mais um pouco e compre um produto ambientalmente correto. A maioria dos pneus atuais já é reciclada e reaproveitada.
- As freadas bruscas poluem o ar (fumaça e emissão de partículas de desgaste, tanto dos pneus e da pista, quanto das pastilhas e lonas de freio), assustam as pessoas e tornam o ambiente mais estressante. Evite-as.
- As lonas e pastilhas de freio à base de asbestos (amianto), no atrito, produzem um pó cancerígeno. Ao trocar esses componentes, leia atentamente as instruções e dê preferência a produtos que não incluam essas substâncias na sua constituição.
- Ao trocar o óleo do motor, faça-o somente em locais adequados (postos de serviços). Ali o óleo é reunido e levado para rerrefino, transformado em óleo combustível industrial e graxas. Óleos usados, despejados em vias públicas ou em esgotos, poluem os mananciais de água.
- Ao lavar seu carro, utilize apenas produtos biodegradáveis. Utilize baldes em vez de mangueiras ou, então, mangueiras com controle de fluxo. Utilize a menor quantidade de

água possível. O Brasil é um dos poucos países que ainda utiliza água tratada para lavar carros. Prefira lavar seu carro em lava a jatos. O custo é menor. Dê preferência aos que não usam produtos químicos não biodegradáveis ou à base de petróleo. Certifique-se de que a água utilizada tem destinação adequada, vai para a rede de esgotos ou escorre para corpos d'água, sem tratamento. Caso afirmativo, troque de lava a jato e reclame.

- O sistema de exaustão de seu veículo (escapamento) não pode ter vazamentos. O Código Nacional de Trânsito prevê multas pesadas para a poluição sonora, bem como a Legislação Ambiental. Mantenha seu carro silencioso, em respeito ao próximo e à sua própria saúde. Afinal, o barulho é um dos maiores estressores do ambiente urbano.

  Utilize a buzina apenas em caso de reconhecida necessidade (advertência, segurança). Chamar alguém buzinando é descortês, além de poluir o ambiente.

19. Programe um fim de semana diferente. Leve seus familiares para um passeio no campo.

20. Utilize bicicletas. Apoie as iniciativas que pedem mais ciclovias em sua cidade.

21. Informe-se quanto às questões ambientais e divulgue seus novos conhecimentos; ao ler jornais e/ou revistas, atente-se para os artigos da questão ambiental.

22. Coopere, participe e envolva-se nas ações de proteção e melhoria da qualidade ambiental; dê seu apoio às iniciativas das associações comunitárias; exerça seus deveres e direitos de cidadania e principalmente...

23. Adote a não violência.
Trabalhe pela Paz e pela Solidariedade.

24. Sejamos difusores de boas notícias. Afinal, como vimos, SOMOS A GERAÇÃO QUE INICIOU A MUDANÇA, que iniciou a gestão ambiental, após dois milênios de ignorância.

Observe que a grande mídia só dá ênfase às notícias ruins – acredita que notícia boa não é notícia. A quem interessa tal abordagem? Quem a escolhe por nós?

Raramente vemos matérias jornalísticas sobre as coisas boas que estão acontecendo, e elas são muitas, como vimos na listagem das tendências positivas. Então, que sejamos nós, também, a geração que dá **ênfase às nossas conquistas**.

25. **SEJAMOS CONSPIRADORES PELA VIDA.**

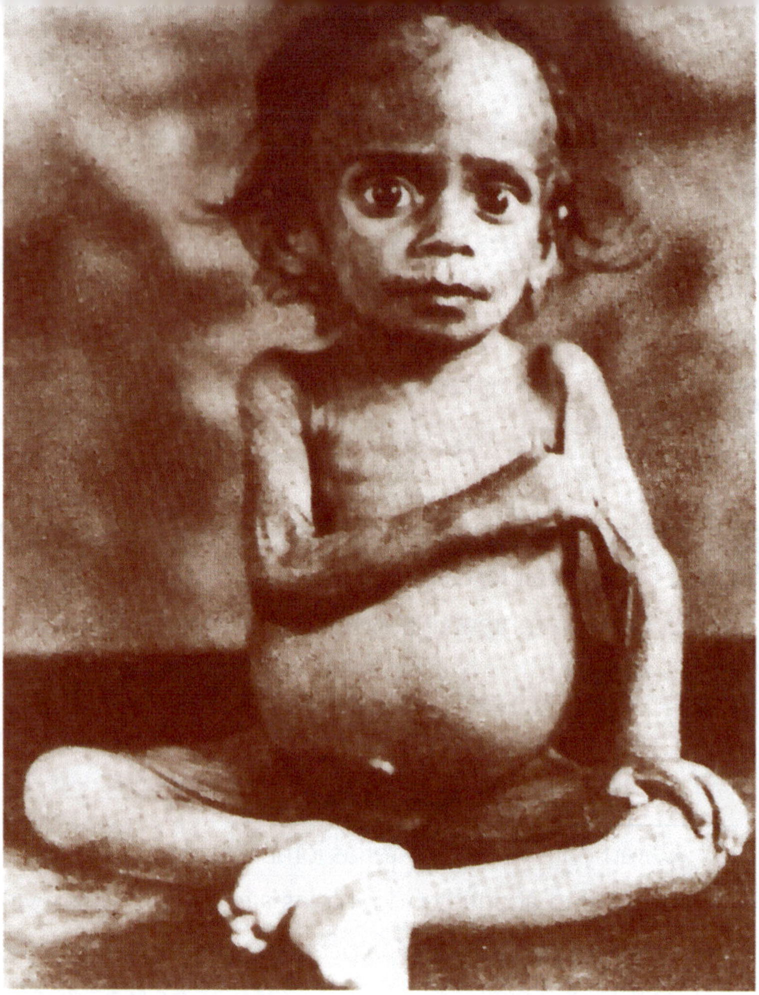

Um exemplo da possibilidade de reverter a situação atual.

Nosso conhecimento sobre
o mundo natural é mais extenso do que
nossa sabedoria em usá-lo;
existe um quadro incompleto do que
está em jogo. O que temos é produto
de escolhas humanas, logo, pode
ser redirecionado.

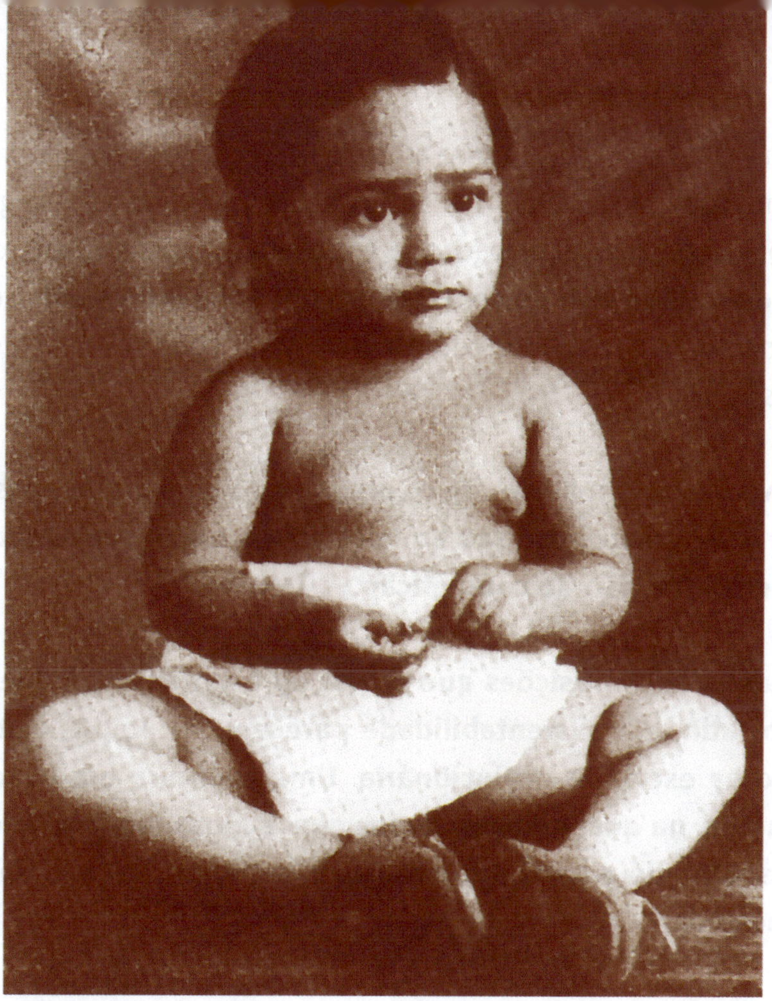

Temos chances de reverter a situação ambiental em tempo? O próprio corpo humano – esse equipamento fascinante que nos é emprestado pela Terra – revela-nos. Uma criança desnutrida, em apenas 10 meses de cuidados adequados, transformou-se na criança saudável que sempre deveria ser. A natureza faz a sua parte. Precisamos fazer a nossa!

Na *Declaração da Reunião dos Líderes Espirituais da Terra*, produzida e divulgada na *Conferência das Nações Unidas para o Meio Ambiente e Desenvolvimento* (Rio-92), promovida pela ONU, cita-se que **a crise ecológica é um sintoma da crise espiritual do ser humano, que vem da ignorância.**

O Dalai Lama afirma que a crise ambiental global é, de fato, a expressão de uma confusão interior. A busca mesquinha por interesses egoístas causou os problemas globais que ameaçam a todos. Adianta que **a cura do mundo tem de começar em um nível individual**: *"se não podemos modificar o nosso comportamento, como esperar que os outros o façam?"*.

A Nova Biologia mostra que os organismos com maior possibilidade de sobrevivência são aqueles com a maior capacidade de cooperação e não de competição.

No fundo, as imposições que se nos apresentam para que possamos atingir a sustentabilidade parecem ser etapas distintas de nossa escalada evolucionária. Uma aventura em busca da harmonia, na qual estamos todos envolvidos, dando sequência ao trabalho de nossos ancestrais. Eis o grande fascínio da continuação da vida!

"Seja você a mudança que espera ver no mundo."

(Gandhi)

E QUEM
DEVE
COMEÇAR,
SE NÃO
VOCÊ?

E QUANDO,
SE NÃO
AGORA?!

REFERÊNCIAS BIBLIOGRÁFICAS

ABRAMOVITZ, J. N. Evitando desastres naturais. *In*: Estado do Mundo 2001. Salvador: Worldwatch Institute/UMA Editora, 2001. p. 133-154.

BILSBORROW, R. E. OKOTH-OGENDO, H. W. Population-driven changes in land use. *In*: *Developing Countries*. *Ambio*, v. 21, n. 1, p. 37-45, 1992.

BROWN, L. R. Desafios do novo século. *In*: *Estado do Mundo 2000*. Salvador: Worldwatch Institute/UMA Editora, 2000. p. 3-21.

BROWN, L. R. Visão geral: a aceleração da mudança. *In*: *Sinais Vitais*. Salvador: Worldwatch Institute/UMA Editora, 2000. p. 19-31.

BROWN, L. R. ; FLAVIN, C. Uma nova economia para o novo século. *In*: *Estado do Mundo*. Salvador: Worldwatch Institute/UMA Editora, 1999. p. 3-22.

CDIAC, ORNL. Energy and global climate change. *Review*, v. 28, n. 2-3, 1997. p. 136.

DAILY, G. C. *et al*. *Socioeconomic equity*: a critical element in sustainability. *Ambio*, v. 24, n. 1, p. 58-59, fev. 1995.

DAILY, G.; EHRLICH, P. Population, sustainability and carrying capacity. *In*: *BioScience*, v. 42, p. 761-771, 1992.

DALY, H. Comments on population growth and economic development. *Population and Development Review*, v. 12, p. 583-585, 1986.

DECICCO, J. M. *et al*. The CO_2 diet for a greenhouse planet: assessing individual actions for slowing global warming. *In*: VINE *et al*. (eds.) *Energy efficiency and the environment*. American Council for na Energy-Efficient Economy, Washington, DC, 1991. p. 121-144.

DIAS, G. F. *Populações marginais em ecossistemas urbanos*. 2. ed. Brasília: Ibama, 1994.

DIAS, G. F. *Elementos de ecologia urbana e sua estrutura ecossistêmica*. Brasília: Ibama, 1997. Série Meio Ambiente em Debate (n. 18.).

DIAS, G. F. Análise preliminar do estresse socioecossistêmico urbano da região de Taguatinga. *Multitemas*. Distrito Federal, v. 6, n. 2, p. 269-283, jun. 1998.

DIAS, G. F. *Educação ambiental:* princípios e práticas. 7. ed. São Paulo: Gaia, 2001.

EHRLICH, P. R. *O mecanismo da natureza*. Rio de Janeiro: Campus, 1993. p. 328.

EPA, Landfill air pollution emissions. *In*: *AP-42 Compilation of Emissions Factors*. New York, 1995.

EPA, Nitrous oxide emissions. Inventory of U.S. greenhouse gas emissions. *In*: *Global Warming*. Washington, 1997.

EPA. Methane and climate overview. *In*: *Global Methane Emissions*. Washington, 1998.

FIGUEIREDO, P. J. M. *A sociedade do lixo*. 2. ed. Piracicaba: Unimep, 1994.

FRENCH, H. Lidando com a globalização ecológica. *In*: *O Estado do Mundo 2000*. Salvador: Worldwatch Institute/UMA Editora, 2000. p. 192-211.

GAY, K. *Global garbage*: exporting trash and toxic waste. New York: Franklin Watts Books, 1992.

GONÇALVES, José Manoel Ferreira; MARTINS, Gilberto. *Consumo de energia e emissão de gases de efeito estufa no transporte de cargas no Brasil*. Engenharia, 586/www.brasilengenharia.com, 2008. p. 73.

GOUDIE, A. *The human impact on the natural environment*. 3. ed. Oxford: Blackwell, 1990.

GURDJIEFF, G. I. *Views from the real world*. New York: Dutton, 1973.

INTERGOVERNAMENTAL Panel on Climate Change. *The science of climate change*. Cambridge: Cambridge University Press, 1996.

KIRCHNER, J. *et al*. Carrying capacity, population growth, and sustainable development. *In*: MAHAR, D. (ed.) *Rapid population growth and human carrying capacity*: two perspectives. Staff working papers # 690, Population and development series. Washington, DC: The World Bank, 1985.

KULKE, U. O planeta esgotado. New World. n: 1:, p. 38-40. fev. 1998.

LINDEN, E. *The exploding cities of the developing world*. New York: Foreign Affairs, jan./fev, 1996. p. 52-66.

MCGINN, A. P. Eliminando gradualmente os poluentes orgânicos persistentes. *In*: *O Estado do Mundo 2000*. Salvador: Worldwatch Institute/UMA Editora, 2000. p. 82-103.

MCNEELY, J. A. *et al*. Human influences on biodiversity. *In*: *Unep. Global biodiversity assessment*. Cambridge: Cambridge University Press, 1995. p. 711-821.

OMS/UNICEF. *Relatório progresso sobre saneamento e água potável 2013*. maio de 2013.

PETIT, J. R. Climate and atmospheric history of the past 420.000 years from the Vostok ice core, Antarctica. *In*: *Nature*, 3 jun. 1999.

PIMENTEL, D.; BERGER, B.; FILIBERTO, D.; NEWTON, M. *et al*. *Water Resources*: Agricultural and Environmental Issues. Bioscience, v. 54, n. 10, out. de 2004, p. 909-918.

POSTEL, S. Replanejando a agricultura irrigada. *In*: *O Estado do Mundo 2000*. Salvador: Worldwatch Institute/UMA Editora, 2000. p. 40-60.

RAICH, J. W.; POTTER, C. S. Global patterns of carbon dioxide emissions from soils. CDIAC database, TN, ORNL Oak Ridge, 1996. p. 5.

RAVEN, P. H. What the fate of the rain forests means to us. *In*: EHRLICH, P.; HOLDREN, J. P. (eds.) *The cassandra conference – resources and the human predicament*. Texas: Texas A & M University Press, 1984. p. 11-123.

RAYNAUD *et al*. The ice core record of green-house-gases. *Science*, n. 259, p. 926--934, 1993.

REES, W. E. The ecology of sustainable development. *The Ecologist*, v. 20 n. 1, p. 18-23, 1990.

REES, W. E. *Revisiting carrying capacity*: area-based indicators of sustainability. Vancouver: The University of British Columbia, 1998.

RENNER, M. Criando empregos, preservando o meio ambiente. *In*: *O Estado do Mundo 2000*. Salvador: Worldwatch Institute/UMA Editora, 2000. p. 169-191.

RIBEMBOIM, J. Mudando os padrões de produção e consumo. *In*: RIBEMBOIM, J. (org.) *Mudando os padrões de produção e consumo*. Brasília: Ministério do Meio Ambiente, dos Recursos Hídricos e da Amazônia Legal/Ibama, 1997. p. 13-30.

ROODMAN, D. M. Multiplicam-se as mudanças nos impostos ambientais. *In*: *Sinais Vitais*. Salvador: Worldwatch Institute/UMA Editora, 2000. p. 140-141.

SHEEHAN, Molly O. Populações urbanas continuam a crescer. *In*: *Sinais Vitais*. Salvador: Worldwatch Institute/UMA Editora, 2000. p. 106-107.

STERN, Paul C. (org.) *Mudanças e agressões ao meio ambiente*. São Paulo: Makron Books, 1993.

STERN, Paul C. A second environmental science: human-environmental interactions. *Science*, n. 260, p. 1897-1899, 1993.

TURNER II, B. L. *et al*. *The earth as transformed by human action*. Cambridge: Cambridge University Press, 1990.

UNDP – ONU. *Human development report*. New York, 1995, 1996 e 1997.

UNESCO. *Las grandes orientaciones de la Conferencia de Tbilisi*. Paris, 1980.

UNESCO. Humanizing the city. Habitat II City Summit. Istanbul, Turkey, jun. 1996.

VALBRACHT, D. Curando a humanidade e a terra. *In*: NICHOLSON, S.; ROSEN, B. *A vida oculta de Gaia*. São Paulo: Gaia, 1998.

WACKERNAGEL *et al*. *Ecological footprint of nations*. Centro de Estudios para la Sustentabilidade: México, Universidad Anáhuac de Xalapa, 1998.

WACKERNAGEL, M.; REES, W. *Our ecological footprint*. The new catalyst bioregional series. Gabriola Island: New Society Publishers, 1996.

WORLD Energy Council. *Energy for tomorrow's world*: the reality, the real options and the agenda for achievement. New York: Kogan Page, Londres and St. Martin's Press, 1993.

WORLDWATCH Institute. *Vital signs*. New York: W.W. Norton, 1994.

WORLDWATCH Institute. *Estado do Mundo 1999*. Salvador: UMA Editora, 1999.
WORLDWATCH Institute. *Estado do Mundo 2000*. Salvador: UMA Editora, 2000.
WORLDWATCH Institute. *Sinais Vitais 2000*. Salvador: UMA Editora, 2000.
WORLDWATCH Institute. *Estado do Mundo 2001*. Salvador: UMA Editora, 2001.
WRI, IUCN, UNEP. *Global biodiversity strategy*: guidelines for action to save, study, and use earth's biotic wealth sustainable and equitably. Washington, DC, 1992.

CRÉDITOS DAS FOTOGRAFIAS E IMAGENS

HAKINMHAN/Shuterstock: 5.

Banco de Imagens – Royalty Free – Key Disk: 6-8, 10-11, 25-27, 30, 33-34, 43, 44, 50-51, 53-54, 57, 61, 72, 74-75, 84-85, 89.

Enciclopédia Britannica, 1970: 13.

Revista Veja, 30 jun. 1976: 14.

Pictures of the century – Life: 15.

Revista Veja, 2000: 16.

Wardsworth P. Company, 1975: 17.

Revista Veja. Edição especial sobre o meio ambiente: 18-20, 22-23, 28-29, 41.

National Geographic, 1983: 36.

National Geographic, v. 163, n. 4, p. 457, abr. 1983: 37.

National Geographic, v. 163, n. 4, p. 434, abr. 1983: 37.

Revista Veja, 25 abr. 2001: 39-40.

Foto de Regys Lima na Unsplash: 47.

Foto de Marcin Jozwiak na Unsplash: 48-49.

Foto de Thomas Chan na Unsplash: 55.

Foto do Autor (Litoral SC): 56.

Wadsworth P. Company – 1975: 58-59.

Fotos de Mauricio Negro: 62, 64 e 65.

Ilustrações de Eduardo Okuno: 66-67, 80-81.

Fotos de Mauricio Negro e Eduardo Okuno: 68, 73.

Christiane Horowitz – Lixão de Brasília: 83.

Pictures of the century – Life: 86.

Foto de Saurav Kundu na Unsplash: 90.

Fotos de Jack Ling. FAO – ONU, 1983: 100-101.

Foto de Akil Mazumder/Pexels: 103.

SOBRE O AUTOR

Genebaldo Freire Dias (Pedrinhas, SE, 03.03.1949), Bacharel (BD), Mestre (MSc) e Doutor (PhD) em Ecologia pela Universidade de Brasília (UnB), é autor de dezenas de livros sobre a temática ambiental, e em especial sobre Educação Ambiental (é o autor brasileiro mais citado); tem cinquenta anos de prática acadêmica e ativismo ambientalista. Professor e pesquisador da Universidade Católica de Brasília (1985-2012) – Diretor do Curso de Mestrado em Gestão Ambiental, e regência nos Cursos de Engenharia Ambiental e Biologia; Analista Ambiental do Ibama (1989--2015) – Diretor do Departamento de Educação Ambiental, Diretor do Parque Nacional de Brasília. Foi secretário de ecossistemas da SEMA, Brasília.

Milhares de pessoas assistiram às suas palestras, conferências e oficinas (oficinestras) em todo o Brasil e no exterior. Com abordagens atuais, inovadoras e instigantes vem promovendo a sensibilização de pessoas em eventos em universidades, empresas e comunidades, a respeito dos cenários e desafios socioambientais postos à sociedade humana. Estimula a ampliação da percepção, sugerindo novas práticas, decisões, atitudes e hábitos que resgatem e criem novos valores que reconheçam a essência da vida e tornem a presença humana na Terra mais harmoniosa e feliz.

É Cidadão Honorário de Brasília (título concedido pela Câmara Legislativa do Distrito Federal, Decreto nº 2099, de 23 de setembro de 2016).

Contato com o autor:

Site: www.genebaldo.com.br
E-mail: genebaldo5@gmail.com
Telefone: (61) 99984-6393

OBRAS DO AUTOR

Atividades interdisciplinares de Educação Ambiental

ISBN 978-85-7555-076-2

Dinâmicas e instrumentação para Educação Ambiental

ISBN 978-65-86223-48-4

Ecopercepção – Um resumo didático dos desafios socioambientais

ISBN 978-85-7555-447-0

Educação Ambiental – Princípios e práticas

ISBN 978-85-85351-09-0

PRELO

Hettani – Um monólogo provocante das plantas

Mudança climática e você

ISBN 978-85-7555-341-1

Pegada ecológica e sustentabilidade humana

ISBN 978-85-85351-97-7

40 Contribuições pessoais para a sustentabilidade

ISBN 978-85-7555-038-0